Monika Gänsler

Fensterbilder aus Tonkarton

Frech-Verlag Stuttgart

Für alle Fans von Walt Disneys zauberhaften Figuren: Micky Maus und Dschungelbuch als TOPP-Fensterbilder!

Monika Gänsler
© Disney
Micky Maus
Fensterbilder aus Tonkarton

Ob hoch in den Lüften, in der Badewanne, als großer Zauberer und Künstler oder beim Nickerchen auf dem Mond - Walt Disneys Dauerbrenner Micky Maus schafft gute Laune als Fensterbilder für groß und klein.
32 Seiten, A4-Format, Farbfotos und Vorlagenbogen.
TOPP 1647
ISBN 3-7724-1647-0 PG 06

Monika Gänsler
© Disney
Das Dschungelbuch
Fensterbilder aus Tonkarton

Mogli - das Findelkind, sein Retter - der weise Panther Baghira, die Wolfskinder und natürlich auch der Bär Balu, der nichts als Unsinn im Kopf hat ... Jetzt können die großen und kleinen Helden ihre berühmte Geschichte als Fensterbilder in buntem Tonkarton erzählen:
Wie sie den kleinen Mogli zurück zu den Menschen bringen wollten, weil der gefährliche Tiger Shir-Khan auf der Lauer lag, und welche lustigen und aufregenden Abenteuer sie dabei erlebten. Motive in bestechender Schönheit für Fenster und Wand.(Die ideale Ergänzung zu TOPP 1647 MICKY MAUS)
32 Seiten, A4-Format, Farbfotos und Vorlagenbogen.
TOPP 1686
ISBN 3-7724-1686-1 PG 06

Projekt-Management: Anke Maresch
Fotos: Frech-Verlag GmbH + Co. Druck KG, D-70499 Stuttgart, Fotostudio Ullrich & Co., Renningen
Layout: Dieter Betz, Weissach

Auflage: 5. 4. 3. 2. 1. | Letzte Zahlen
Jahr: 1997 96 95 94 93 | maßgebend

1993 erschienen im
frech-verlag GmbH+Co. Druck KG, D-70499 Stuttgart
Druck: Frech-Verlag GmbH + Co. Druck KG, D-70499 Stuttgart

ISBN 3-7724-1738-8 · Best.-Nr. 1738

Aladdin

Es ist eine Geschichte aus Tausendundeiner Nacht, ... eben ein Märchen aus einer Zeit, als es noch Wunder gab!

Damals verliebte sich der Straßenjunge Aladdin in die Prinzessin Jasmin, die wunderschöne Tochter des Sultans. Ein Straßenjunge und eine Prinzessin? Und dazu noch der habgierige und machthungrige Berater des Sultans, der mit Aladdin ganz andere Pläne hatte? Sie sehen, ohne Wunder wäre die Geschichte ohne Hoffnung! Aber da gab es ja noch den Geist aus der Lampe, mit dessen Hilfe eine wundersame Wendung möglich war ...

Lassen Sie sich dieses orientalische Märchen von fröhlichen Fensterbildern erzählen - es darf geschmökert, vorgelesen, angeschaut und gebastelt werden. Und vielleicht schweben Aladdin und sein Freund Abu demnächst auf dem fliegenden Teppich an Ihrem Fenster vorbei?

Viel Spaß!
Monika Gänsler

Bastelanleitung:

Die Fensterbilder dieses Buches sind alle einseitig gearbeitet. Wenn Sie jedoch die Rückseite genauso wie die Vorderseite gestalten möchten, schneiden Sie die entsprechenden Teile zweimal aus - das Bild erhält dadurch auch mehr Stabilität.

Kleine Teile wie z.B. Augen, Zähne oder Mund können mit einem Stift oder mit weißer, deckender Farbe aufgemalt werden.

Die einzelnen Teile der Vorlage werden mit einem Bleistift auf Transparent- oder Butterbrotpapier übertragen. Kleben Sie diese Zeichnungen auf dünne Pappe auf, und schneiden Sie sie exakt aus - fertig ist Ihre Schablone! Nun müssen Sie die Umrisse mit einem spitzen Bleistift auf dem bunten Fotokarton nachziehen.

Sie finden bei allen Motiven dieses Buches kurze Anleitungstexte, die Ihnen Tips und Tricks für die Reihenfolge beim Aufkleben der Teile geben.

Und wenn Sie die Konturen im Inneren der Fensterbilder übernehmen möchten: Übertragen Sie die Linien auf Transparentpapier, wenden Sie es, und ziehen Sie die Linien auf der Rückseite deckungsgleich nochmals nach. Dann wird das Papier auf das Fensterbild oder auch auf ein einzelnes Körperteil gelegt. Zeichnen Sie die Linien nach - der auf der Rückseite haftende Graphit überträgt sich dabei auf den Fotokarton, und Sie erhalten die Innenlinien exakt an der richtigen Position. Auf diese Weise lassen sich auch Klebestellen markieren.

Damit Ihr Aladdin-Fensterbild mehr Tiefe bekommt, kleben Sie z.B. die Arme nur im Schulterbereich fest, dann können Sie die Hände noch leicht nach außen biegen.

Ganz zum Schluß wird der Aufhängepunkt durch Ausbalancieren zwischen Daumen und Zeigefinger ermittelt. Mit Nadel und Faden durchstechen Sie das Fensterbild an dieser Stelle - und nun erzählen die Fensterbilder ihre Geschichte aus Tausendundeiner Nacht!

Bastelmaterial:

Für alle Fensterbilder dieses Buches wurde ausschließlich Tonkarton (Fotokarton) benutzt.

Werkzeug:

- mittelgroße, spitze Schere für Umrisse und grobe Arbeiten
- kleine, spitze Schere für exakte, feinste Ausarbeitungen
- halbrunde Nagelschere für kleine Rundungen
- Cutter für schwerzugängliche Stellen

Klebstoff:

Klebestifte haben sich als vorteilhaft erwiesen, da bei Flüssigkleber die Gefahr besteht, daß er hervorquillt. Damit zusammengeklebte Teile beim Trocknen nicht verrutschen, kann man sie mit Wäscheklammern zusammenhalten, bis sie getrocknet sind. Treten Klebstoffspuren auf, beseitigen Sie sie mit einem Radiergummi.

Stifte:

Ein schwarzer Stift zum Konturieren und eventuell Buntstifte sollten bereitliegen.

Weiße, deckende Farbe:

Einige Bilder haben kleine, weiße Teile, z.B. Augen und Zähne, die beim Ausschneiden Geduld und Fingerspitzengefühl erfordern.
Eine Variante: Malen Sie diese Teile mit einer weißen, deckenden Farbe und einem dünnen Pinsel auf.

Aladdin, der Straßenjunge

Farben:
Schwarz, Weiß, Hautfarbe, Lila, Weinrot, Braun, Gelb, Grün

Kleben Sie auf den hautfarbenen Oberkörper von vorne Aladdins Kopf mit den Augen und seinem Mund, die weiße Hose und danach die braune Bauchbinde.
Jetzt folgen beide lilafarbenen Westenteile. Dann bekommt der Straßenjunge aus Agrabah als nächstes das rechte Bein, den rechten Arm und den gelben Flicken. Nun müssen Sie noch einige Teile von hinten am Körper fixieren, dazu gehören das linke Bein, die linke Hand, das hintere Haarteil und dann das rote Hütchen. Wenn Sie das vordere Haarteil, also die Stirnhaare, dann noch von vorne richtig plazieren, schließen beide Haarteile am Hinterkopf deckungsgleich ab, und Aladdin ist komplett!

Die grüne Bodenfläche wird mit zwei Steinen ausgeschmückt; auf dem Vorlagenbogen finden Sie auch noch die genauen Positionen der Innenlinien. Einfach übertragen, und dann kann Aladdin sich in das muntere Markttreiben seiner Heimatstadt stürzen.

Es war zu einer Zeit, als es noch
Wunder gab ...
Damals lebte der Straßenjunge
Aladdin in einer Stadt weit, weit weg
von hier, in Agrabah.
Es war eine Stadt voller Leben,
mit einem großen Marktplatz,
wo Händler ihre Ware anpriesen.

Abu, Aladdins bester Freund

Farben:
Rostfarbe, Hautfarbe, Hellbraun, Weinrot, Blau, Rot, Dunkelbraun, Grün, Weiß

Vorarbeiten:
Abus Kopf:
Der hautfarbene Kopf wird mit den hellbraunen Augenflecken, den weißen Augen und darüber mit den hellbraunen Augenlidern beklebt. Nun den rostfarbenen Haarschopf anbringen und das Ohr fixieren. Der Hut, der aus zwei Teilen besteht, vervollständigt Abus Kopf.

Die Arme:
Die beiden rostfarbenen Arme erhalten von vorne ihre hautfarbenen Finger.

Beide weinroten Westenteile werden am Körper des kleinen Affen fixiert. Von hinten bekommt er den Schwanz und seine rechte Hinterpfote.
Nun ist der linke vorgearbeitete Arm an der Reihe, kleben Sie ihn von vorne am Körper fest. Abus Kopf wird mit Hilfe der Vorlage fixiert. Jetzt fehlt nur noch der rechte Arm.
Wenn Abu fertig ist, setzen Sie ihn auf die grüne Grasfläche, die noch mit einem roten Apfel verschönert wird.

Aladdin hatte einen treuen Freund, den kleinen Affen Abu. Gemeinsam kämpften sie jeden Tag ums Überleben - manchmal mußten sie sogar auf dem Markt stehlen, um nicht zu verhungern!
Aber Aladdin hatte auch ein weiches Herz, oft verschenkte er sein letztes Stückchen Brot an andere Kinder, denen es noch schlechter ging als ihm.

Prinzessin Jasmin

Farben:
2 verschiedene Minttöne, Schwarz, Weiß, Rostfarbe, Hautfarbe, Pink, Türkis, Violett, Rosa

Vorarbeiten:
Jasmins Haare:
Das als Ganzes ausgeschnittene schwarze Haarteil wird mit drei mintfarbenen Haarbändern und mit der runden Brosche geschmückt.

Füße:
Auf beide Füße werden von vorne die mintfarbenen Schuhe geklebt.

Bringen Sie auf dem Oberkörper der hübschen Prinzessin das mintfarbene Oberteil und den rostfarbenen Halsschmuck an. Nun den Kopf mit den Augen und dem Mund ergänzen. Der rechte Ohrring wird von hinten am Kopf fixiert, der anschließend auf den Hals geklebt wird. Dann geben Sie Jasmin ihre wunderschönen schwarzen Haare. Den linken Ohrring nicht vergessen! Die mintfarbene Hose wird von hinten mit den vorgearbeiteten Füßen und von vorne mit dem Bündchen ergänzt. Auf diesem kompletten Unterkörper fixieren Sie nun den Oberkörper. Denken Sie auch an die Innenlinien, und dann nimmt die anmutige Prinzessin auf der violetten Fläche Platz, umrahmt von zarten Blütenblättern.

Nicht weit vom Marktplatz entfernt stand ein prächtiger Palast. Dort lebten der Sultan von Agrabah und seine wunderschöne Tochter Jasmin. Aber trotz der prächtigen Räume, trotz des großen Reichtums war die Prinzessin nicht glücklich: Sie sollte einen Prinzen heiraten - keinem der zahlreichen Bewerber war es jedoch gelungen, ihre Liebe zu wecken. Die Wochen und Monate verstrichen, der Geburtstag der Prinzessin rückte näher - und damit auch der Tag, an dem die Hochzeit stattfinden sollte, so war es Gesetz in Agrabah. All ihren Kummer konnte Jasmin nur ihrem einzigen Freund erzählen, dem Tiger Radsha, der ihr geduldig zuhörte. Und in ihrer Verzweiflung faßte die Prinzessin einen Entschluß: Flucht! Heimlich schlich sich Jasmin aus dem Palast und fand sich in einer Welt wieder, die sie noch nie zuvor gesehen hatte, auf dem Marktplatz der Stadt. Mit großen Augen verfolgte Jasmin das bunte Treiben, sah auch das Elend der Straßenkinder, die zwischen den Ständen herumliefen. Arglos nahm sie aus einem Korb einen Apfel und schenkte ihn einem kleinen Jungen. Geld? Sie hatte kein Geld, um den Apfel zu bezahlen. Nur dem mutigen Eingreifen von Aladdin war es zu verdanken, daß der wütende Händler das junge Mädchen nicht verhaften ließ.

Radsha, Jasmins treuer Freund

Farben:
Orange, Weiß, Gelb, Hellrot, Dunkelgrün

Vorarbeiten:
Radshas Kopf:
Der Kopf wird einmal ganz in Weiß ausgeschnitten, darauf kleben Sie das orangefarbene Gesichtsteil, dann die weiße Mund-Nasen-Partie. Nun bekommt Radsha noch seine orangefarbene Nase mit den hellroten Nüstern. Die gelben Augen können Sie auch aufmalen!

Der Körper des treuen Tigers muß von hinten mit dem linken Vorder- und dem linken Hinterbein ergänzt werden. Den Schwanz nicht vergessen! Dann kleben Sie die weiße Brust und den weißen Bauch auf. Geben Sie dem majestätischen Tier den vorgefertigten Kopf. Die Pfoten des Tigers werden mit den weißen Zehen vervollständigt.
Nun fehlen nur noch die schwarzen Fellzeichnungen, und dann kann Radsha über die grüne Bodenfläche laufen.

Dschafar, der hinterhältige Berater des Sultans

Farben:
Schwarz, Rostfarben, Rot, Weinrot, Hautfarben, Gelb

Vorarbeiten:
Dschafars Arme:
Die beiden weinroten Ärmel werden von vorne mit den schwarzen Armen und den hautfarbenen Händen ergänzt.

Dschafars Körper schneiden Sie mit Umhang und Turban komplett als ein ganzes Teil aus. Nun kleben Sie das rote Innere des Umhangs von vorne auf den schwarzen Mantel - dadurch entsteht Dschafars Körper! Sein gelbes Halsteil wird ange-

Während Aladdin Prinzessin Jasmin in Sicherheit brachte, hypnotisierte Dschafar, der habgierige und skrupellose Berater des Sultans, den Sultan und nahm den geheimnisvollen blauen Diamanten in seinen Besitz. Endlich, dieser Stein würde Dschafar zeigen, wer für ihn die Lampe aus der Wunderhöhle holen könnte, die ihm Macht, Geld und Ruhm schenken würde!

bracht, dann folgen rechts und links die weinroten Tuchteile. Geben Sie dem heimtückischen Dschafar sein Gesicht, den weinroten Gürtel und die vorgearbeiteten Arme. Vergessen Sie den roten Schuh nicht! Der eitle Berater des Sultans schmückt seinen Turban noch mit einem rostfarbenen Band, einer Feder und dem roten Edelstein.
Nun stellen Sie ihn auf die gelbe Bodenfläche und ergänzen die schwarzen Linien.

Aladdin und die Wunderlampe

Farben:
Schwarz, Weiß, Hautfarben, Weinrot, Rostfarben, Braun, Gelb, Grün, Lila

Und wer war es, der für Dschafar die Lampe aus der Höhle holen sollte? Der Straßenjunge Aladdin! Dschafar schickte die Wachen aus, und es dauerte nicht lange, bis sie Aladdin verhaftet hatten und in das Gefängnis brachten. Auch für Jasmin war damit die Zeit der Freiheit zu Ende. Wütend kehrte sie in den Palast zurück - warum hatte Dschafar ihren Retter Aladdin festnehmen lassen?
Aladdin und sein Freund Abu saßen im dunklen Kerker des Palastes, als plötzlich Dschafar auftauchte, verkleidet als ein alter Gefangener. Was er zu erzählen hatte, gab Aladdin neue Hoffnung: Der Junge sollte nur eine alte, wertlose Lampe aus einer Höhle holen, als Belohnung winkten Freiheit und Reichtum! Aladdin ließ sich von dem alten Mann aus dem Gefängnis bringen und den Weg zur Wunderhöhle zeigen. Und tatsächlich, der Alte hatte nicht gelogen: Über und über gefüllt mit den wunderbarsten Schätzen lag die Höhle vor dem armen Straßenjungen. Die Versuchung war groß ... aber zuerst mußte er die Lampe finden. Bei ihrer Suche entdeckten sie in der Höhle auch einen fliegenden Teppich, der Aladdin und Abu den Weg zur Lampe zeigte. Aber, in dem Moment, als der Junge nach der Lampe griff, geschah es: Der kleine Affe hatte den glitzernden Kostbarkeiten nicht widerstehen können und einen roten Diamanten berührt.

Kleben Sie von vorne den hautfarbenen Kopf, das weiße Hosenteil und die braune Bauchbinde auf den Oberkörper. Dann fixieren Sie zwei lilafarbene Westenteile von vorne, das dritte Teil von hinten. Aladdins rechter Arm wird ergänzt. Bringen Sie nun den gelben Flicken von vorne und die Füße von hinten an.

Der sympathische Straßenjunge aus Agrabah bekommt seine Augen, den strahlenden Mund und das vordere Haarteil. Fixieren Sie von hinten das hintere Haarteil und das weinrote Hütchen. In die ausgestreckte linke Hand wird als nächstes die Wunderlampe geklebt - und zwar so, daß sie auf der Handfläche und zwischen den Fingern sitzt.
Aladdin kniet auf einer grünen Fläche, die mit einigen Steinen beklebt wird. Und nun nur noch die schwarzen Innenlinien ergänzen, fertig ist Ihr Fensterbild!

Dschinni, der Geist aus der Lampe

Farben:
2 verschiedene Blautöne, Rot, Rostfarben, Schwarz, Weiß, Weinrot, Pink

Kleben Sie von vorne das blaue Unterteil auf den Körper des Geistes; über dieser Stoßkante wird die rote Bauchbinde fixiert. Als nächstes den linken, rostfarbenen Armreif anbringen, darüber wird die linke Hand geklebt. Die rechte Hand sitzt hinter dem Armreif. Ein Tip: Wenn Sie den Klebstoff nur am Handgelenk auftragen, können Sie die Finger später leicht nach außen biegen - das gibt Ihrem Fensterbild noch mehr Tiefe!
Das Gesicht des blauen Geistes wird mit den Augen, dem weinroten Mund und der pinkfarbenen Zunge beklebt; selbstverständlich können Sie einzelne Teile auch aufmalen. Großen Wert legt der Genius zudem auf sein kleines Pferdeschwänzchen mit dem rostfarbenen Band. Die Innenlinien ergänzen, und jetzt kann Dschinni die Wünsche Aladdins erfüllen!

Die Höhle begann zu zittern und zu vibrieren, der Boden verwandelte sich in glühende Lava. In letzter Sekunde konnten sich Aladdin und Abu auf den fliegenden Teppich retten - und die Lampe war in ihren Händen! "Die Lampe! Gib mir die Lampe!" schrie der alte Mann, der am Höhleneingang wartete, und riß sie aus Aladdins Händen. Dann zog er ein Schwert und stieß den Jungen zurück in die Höhle. Dabei hatte er allerdings den treuen Abu vergessen; als sich die Zähne des kleinen Affen in seinen Arm bohrten, schrie Dschafar auf und ließ die Lampe fallen. In der Höhle war wieder Ruhe eingekehrt, Aladdin, Abu und der fliegende Teppich aber waren gefangen. Wenigstens hatte Abu die alte Lampe zurückgeholt. Was wohl an ihr so Besonderes war? Vorsichtig rieb Aladdin über die Lampe. Plötzlich begann sie zu glühen, eine Rauchwolke stieg auf, die sich zu einer Gestalt formte: Der Geist der Lampe! Ungläubig starrten Aladdin und Abu auf den Geist. Wenn er wirklich echt wäre, könnte er sie doch befreien ... und im nächsten Moment fanden sie sich alle in der Wüste in der Nähe der Wunderhöhle wieder.

Prinz Ali Ababwa

Farben:
Elfenbein, Lila, Rostfarben, Rot, Hautfarben, Weiß, Violett

Vorarbeiten:
Linker Arm:
Der linke Arm wird mit dem rostfarbenen Bündchen und von hinten mit der hautfarbenen Hand ergänzt.
Rechter Arm:
Hier kleben Sie vorerst nur das rostfarbene Bündchen auf.

Der als Ganzes ausgeschnittene elfenbeinfarbene Körper des vornehmen Prinzen wird von vorne mit dem Hals, dem rostfarbenen Kragen und der Bauchbinde versehen. Kleben Sie dann den rechten Arm und beide Beine von hinten am Rumpf fest. Der Körper wird von vorne auf dem edlen lilafarbenen Umhang fixiert.
Jetzt müssen Sie den linken vorgearbeiteten Arm und die Finger der rechten Hand anbringen.
Die elfenbeinfarbenen Außenseiten des Umhanges und die rostfarbenen Schulterstücke werden paßgenau ergänzt. Prinz Ababwas Kopf fixieren, Mund und Augen nicht vergessen.
Das elfenbeinfarbige Tuchteil rechts des Kopfes wird mit dem violetten Innenteil beklebt und von hinten am Kopf fixiert. Nun können Sie den elfenbeinfarbenen Turban festkleben und das zweite Tuchteil über die linke Schulter Aladdins fallen lassen.
Damit Prinz Ali Ababwa der hübschen Prinzessin Jasmin auch wirklich gefällt, braucht er noch das rostfarbene Stirnband, die lilafarbene Feder, den Edelstein und natürlich seine Innenlinien!

Drei Wünsche hatte Aladdin nun frei, drei Wünsche, die ihm der Geist widerspruchslos erfüllen würde. Der Straßenjunge dachte nach, dachte an Jasmin, und sein erster Wunsch stand fest: "Ich möchte ein Prinz sein!" Und im nächsten Moment verwandelte sich der arme Straßenjunge in einen reichen Prinzen, gekleidet in kostbaren und edlen Gewändern!

Der verzauberte Abu

Farben:
Hellgrau, Dunkelgrau, Rostfarben, Rosa, Weinrot, Pink, Dunkelblau, Weiß, Dunkelgrün

Der weinrote Mund mit der pinkfarbenen Zunge, die dunkelgrauen Augenpartien und der rostfarbene Haarschopf werden zuerst aufgeklebt. Dann folgen die weißen Augen und der fröhliche Rüssel. Bringen Sie das rechte weinrote Westenteil, das graue Ohr mit dem rosafarbenen Ohrinneren an. Von hinten müssen der rot-blaue Hut, das linke weinrote Westenteil, das linke Vorderbein, das linke Hinterbein und das Schwänzchen befestigt werden. Das rechte Vorderbein wird nur im Schulterbereich auf die Weste geklebt und leicht nach vorne gebogen; das rechte Hinterbein sitzt ebenfalls vorne auf dem Körper.
Der gutgelaunte Elefant macht es sich auf der grünen Bodenfläche bequem, inmitten der weinroten und pinkfarbenen Sterne. Wenn Sie jetzt noch die Innenlinien ergänzen, ist die Verwandlung Abus vom Affen zum Elefanten vollendet!

Auch an Abu ging eine wundersame Veränderung vor:
Aus dem kleinen Affen wurde ein prächtig geschmückter Elefant,
und gemeinsam machten sie sich auf den Weg nach Agrabah
zu Prinzessin Jasmin.

Jasmin kämpft für Aladdin

Farben:
Schwarz, Weiß, Violett, Rosa, Türkis, Rostfarben, Hautfarben, Pink

Vorarbeiten:
Jasmins Haare:
Das schwarze Haar Jasmins wird mit dem unteren Haarband geschmückt.

Dekorieren Sie das violette Kleid von vorne mit den rosafarbenen Seitenteilen, die genau in die Ausbuchtungen des Kleides passen. Dann werden von hinten der rechte Ärmel und die linke Hand ergänzt, und Jasmin bekommt von vorne die rechte Hand.
Ebenfalls von vorne den hübschen Kopf anbringen, Augen und Mund nicht vergessen.
Bevor Sie die wunderschönen, pechschwarzen Haare fixieren, kleben Sie den rechten rostfarbenen Ohrschmuck von hinten am Kopf fest. Dann den linken Ohrring und den Halsschmuck ergänzen. Jasmin trägt heute ein violettes Haarband, geschmückt mit einem türkisfarbenen Edelstein, passend zur Gürtelschließe. Vollenden Sie Jasmins Schönheit mit den schwarzen Innenlinien!

Die Prinzessin hatte sich nach ihrer Rückkehr in den Palast sofort auf die Suche nach Dschafar gemacht. Aber erst als er unverrichteter Dinge von der Wunderhöhle zurückkam, konnte sie ihn zur Rede stellen: "Laß Aladdin frei, sofort, ich befehle es!" Dschafar konnte nur mit Mühe ein höhnisches Lachen verbergen: "Aber Prinzessin, Aladdin ist bereits hingerichtet!"

Jago, der freche Papagei Dschafars

Farben:
Schwarz, Weiß, Gelb, Orange, Rot, Türkis, Blau, Braun

Vorarbeit:
Flügel:
Kleben Sie das rote Flügelteil von vorne auf die türkisfarbenen Federn.

Der rote Papageienkörper wird von hinten mit seinen blauen Schwanzfedern geschmückt, von vorne wird die Sitzstange angebracht, und die orangefarbenen Füße werden aufgeklebt. Malen Sie die schwarzen Krallen auf. Dann kleben Sie von vorne den vorgearbeiteten Flügel, die weiße Stirn, den Schnabel, die weißen Zähne, die gelben Augen und zum Schluß die schwarzen Augenbrauen auf.
Jagos Haarschmuck ist reichlich dünn:
Drei Haare aus einem Pinsel oder Besen genügen!
Dafür bekommt er aber noch seine schwarzen Innenlinien.

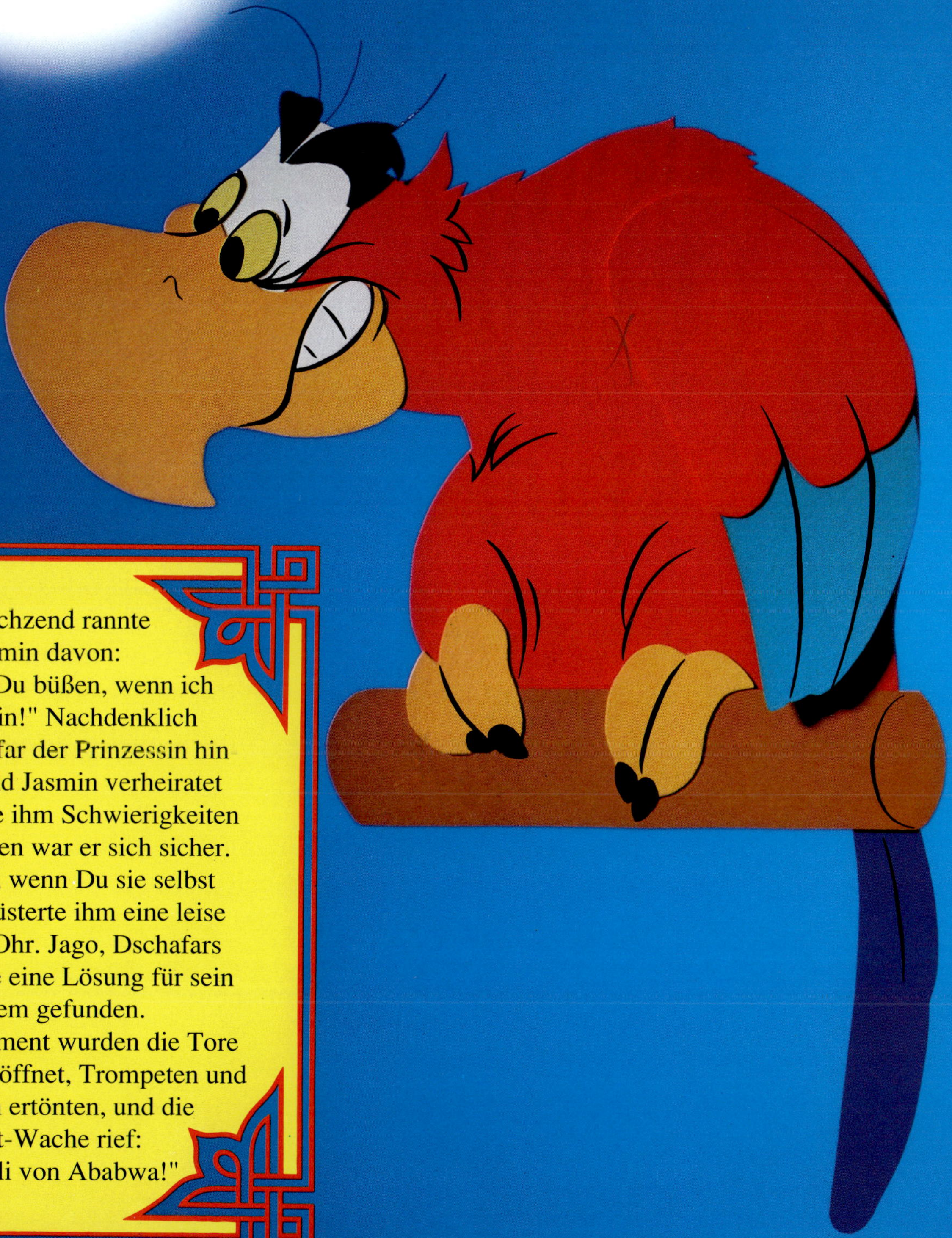

Schluchzend rannte
Jasmin davon:
"Das wirst Du büßen, wenn ich Königin bin!" Nachdenklich blickte Dschafar der Prinzessin hinterher. Sobald Jasmin verheiratet war, würde sie ihm Schwierigkeiten machen, dessen war er sich sicher. "Aber nicht, wenn Du sie selbst heiratest!" flüsterte ihm eine leise Stimme ins Ohr. Jago, Dschafars Papagei, hatte eine Lösung für sein Problem gefunden.
In diesem Moment wurden die Tore des Palastes geöffnet, Trompeten und Trommeln ertönten, und die Palast-Wache rief:
"Prinz Ali von Ababwa!"

Der Sultan, Jasmins Vater

Farben:
Mint, Elfenbein, Weiß, Dunkelbraun, Hautfarben, Rot, Weinrot, Pink, Orange, Rostfarben

Vorarbeiten:
Beide Arme erhalten von hinten die hautfarbenen Hände.

Kleben Sie auf den Bauch des Sultans die orangefarbene Bauchbinde mit den mintfarbenen Schmuckelementen. Nun können Sie die linke Seite des elfenbeinfarbenen Überwurfs anbringen, den orangefarbenen Rand nicht vergessen.
Der linke Arm wird darauf fixiert; die rechte Seite wird ebenfalls mit Westenteil und Arm ergänzt. Schmücken Sie den Sultan auch hier mit dem orangefarbenen Rand am Überwurf. Dann darf natürlich der imposante weiße Bart nicht fehlen, gefolgt von dem Gesicht, dem weinroten Mund und der pinkfarbenen Zunge.
Die Augen können Sie aufkleben oder wahlweise aufmalen. Nun braucht der Sultan noch seinen Schnauzbart. Der prächtige Turban wird von hinten am Gesicht fixiert, an der Stirn mit einem orangefarbenen Band geschmückt und mit der Feder und dem Edelstein dekoriert.
Ganz wichtig: die buschigen Augenbrauen, die den Anordnungen des Sultans doch gehörigen Nachdruck verleihen! Und so kann ihm wohl auch niemand den Wunsch abschlagen, seine Schuhe, die schwarzen Innenlinien und einen gebührenden Platz auf der mintfarbenen Bodenfläche zu bekommen!

Auf seinem fliegenden Teppich trat der Prinz vor den überraschten Sultan und bat um die Hand seiner Tochter. Für Jasmin stand bald fest: Ihn wollte sie heiraten und niemanden anders! Aber Dschafar gab noch nicht auf. In der Nacht schickte er seine Männer aus und ließ seinen Gegner gefangennehmen. Gefesselt und geknebelt wurde Prinz Ali ins Meer geworfen. Als er wie ein Stein auf den Meeresgrund sank, fiel die Lampe aus seiner Tasche. Mit letzter Kraft konnte er den Geist zu Hilfe rufen ...

Währenddessen hatte Jasmin ihrem Vater nichtsahnend die Neuigkeit mitgeteilt: Prinz Ali war ihr Auserwählter! Überglücklich schloß der Sultan seine geliebte Tochter in die Arme, nun konnte die Hochzeit stattfinden. Plötzlich aber mischte sich Dschafar ein: "Ich fürchte, das ist unmöglich - Prinz Ali hat sich verabschiedet!" Der falsche und heimtückische Berater hypnotisierte den Sultan, und Jasmin mußte einen schrecklichen Befehl ihres Vaters hören: "Du wirst Dschafar heiraten!"

Aladdin, der Retter

Farben:
Hautfarben, Schwarz, Weiß, Weinrot, Rostfarben, Braun, Lila, Blau, Hellbraun

Vorarbeiten:
Abu:
Der Affe bekommt von vorne das hautfarbene Gesicht, die hellbraunen Augenflecken, die weißen Augen, danach das hautfarbene Ohr und den rostfarbenen Haarschopf. Von hinten werden der weinrote Hut und die gleichfarbige Weste angeklebt.

Zauberteppich:
Das große lilafarbene Teppichteil wird mit einem blauen Innenteil und mit rostfarbenen Rändern rechts und links dekoriert. Dann müssen Sie die lilafarbene Vorderkante mit dem blauen Rand und dem rostfarbenen Teil versehen und aufkleben.
Und die Teppich-Ecke links im Bild: Fixieren Sie auf der lilafarbenen Fläche das kleine blaue Teil, darauf den rostfarbenen Rand. Das Ganze wird von hinten am Teppich befestigt. An den Ecken fehlen nun noch die Quasten, und die blaue Fläche wird verziert.

Aladdins Oberkörper erhält von hinten das rechte, lilafarbene Westenteil, danach den rechten Arm und anschließend von vorne die rechte Vorderseite der Weste. Dann kleben Sie von vorne die braune Bauchbinde, das linke lilafarbene Westenteil, das Gesicht mit den Augen und dem Mund an.
Abu, dem der fliegende Teppich anscheinend nicht ganz geheuer ist, sitzt auf Aladdins Schulter. Ergänzen Sie den linken Unterarm des siegesgewissen Retters und die Finger von Abu. Zwischen den beiden Haarteilen Aladdins sitzt das rote Hütchen. Nun fehlen nur noch die Hose und die Innenlinien, und schon schwebt er zu seiner geliebten Jasmin!

Aber in diesem Moment geschah etwas, womit niemand gerechnet hatte: Aladdin tauchte auf! In letzter Sekunde hatte Dschinni ihn aus dem Meer gezogen, und er hatte sich sofort auf den Weg zum Palast gemacht - nie und nimmer würde er seine geliebte Jasmin diesem Dschafar überlassen! Mutig trieb er seinen Gegner in die Flucht und befreite den Sultan.

In seinem Versteck sann Dschafar auf Rache - Prinz Ali und Aladdin waren ein und dieselbe Person, und dort war auch die Lampe samt Dschinni! Bei Morgengrauen sandte Dschafar seinen Papagei in Aladdins Zimmer, Jago stahl die Lampe. Nun hatte auch Dschafar drei Wünsche frei, der Geist mußte sie erfüllen. Und so kam es, daß der heimtückische Betrüger zum Sultan von Agrabah wurde. Als mächtiger Zauberer nahm er Jasmin und ihren Vater gefangen und verbannte Aladdin ans Ende der Welt - allerdings hatte er diese Rechnung ohne den treuen Abu gemacht, der seinem Freund auf dem fliegenden Teppich folgte und ihn zurück in den Palast holte!

Frei! Endlich frei!

Farben:
Blau, Gelb, Pink, Orange, Weiß, Weinrot, Schwarz, Grün

Vorarbeiten:
Der Kopf des Geistes:
Das blaue Kopfteil bekommt die Augen, das weinrote Mundinnere mit der Zunge und den weißen Zähnen.

Hut:
Der schwarze Hut wird mit Augen, dem orangefarbenen Schnabel und von hinten mit Ohren und Zähnen verziert.

Koffer:
Kleben Sie auf den orangefarbenen Koffer den Griff und das Gürtelteil.
Vergessen Sie die weiße Gürtelschnalle nicht!

Endlich kann der Geist einen richtigen Urlaubs-Dress tragen - auf dem gelben Shirt sitzen der vorgefertigte Kopf und der linke Arm. Von hinten werden der rechte Arm und die Hose fixiert. Besonders glücklich ist der Geist nach dem langen „Flaschen-Dasein" auch über seine Beine und die orangefarbenen Sandalen mit den Riemen. Die Beine sitzen übrigens auf den Shorts. Hut und Koffer anbringen, die Innenlinien einzeichnen - und ab in die große Freiheit!

Es begann ein
schrecklicher Kampf -
gegen Dschafar, der sich in eine
riesige Schlange verwandelte, hatte Aladdin
keine Chance. Hier half nur ein Trick:
"Der Geist hat mehr Macht, als Du jemals
haben wirst!" rief er dem machthungrigen Gegner zu.
Und tatsächlich - hier hatte Aladdin einen wunden Punkt bei
seinem Feind getroffen! Denn damit stand für Dschafar sein
dritter Wunsch fest:
"Ich will ein Geist sein - dann habe ich die absolute Gewalt!"
Kaum war der Wunsch ausgesprochen, als Dschafar eine
seltsame Veränderung an sich spürte: Hilflos mußte er es
zulassen, daß er und Jago in die Lampe gezogen wurden,
die Aladdin fest verschloß.
Und dann nannte Aladdin seinen dritten und letzten
Wunsch: Er befreite Dschinni, der ihm in all den Gefahren
beigestanden hatte. "Ich werde dich vermissen", rief
Aladdin, als sich der Geist verabschiedete!

Als der Sultan wieder an der Macht war, ließ er
zuallererst das Gesetz ändern: Prinzessin Jasmin durfte
denjenigen heiraten, den sie wollte.
Und weil sie Aladdin
heiraten wollte, war es auch genau das,
was sie taten!

Ende

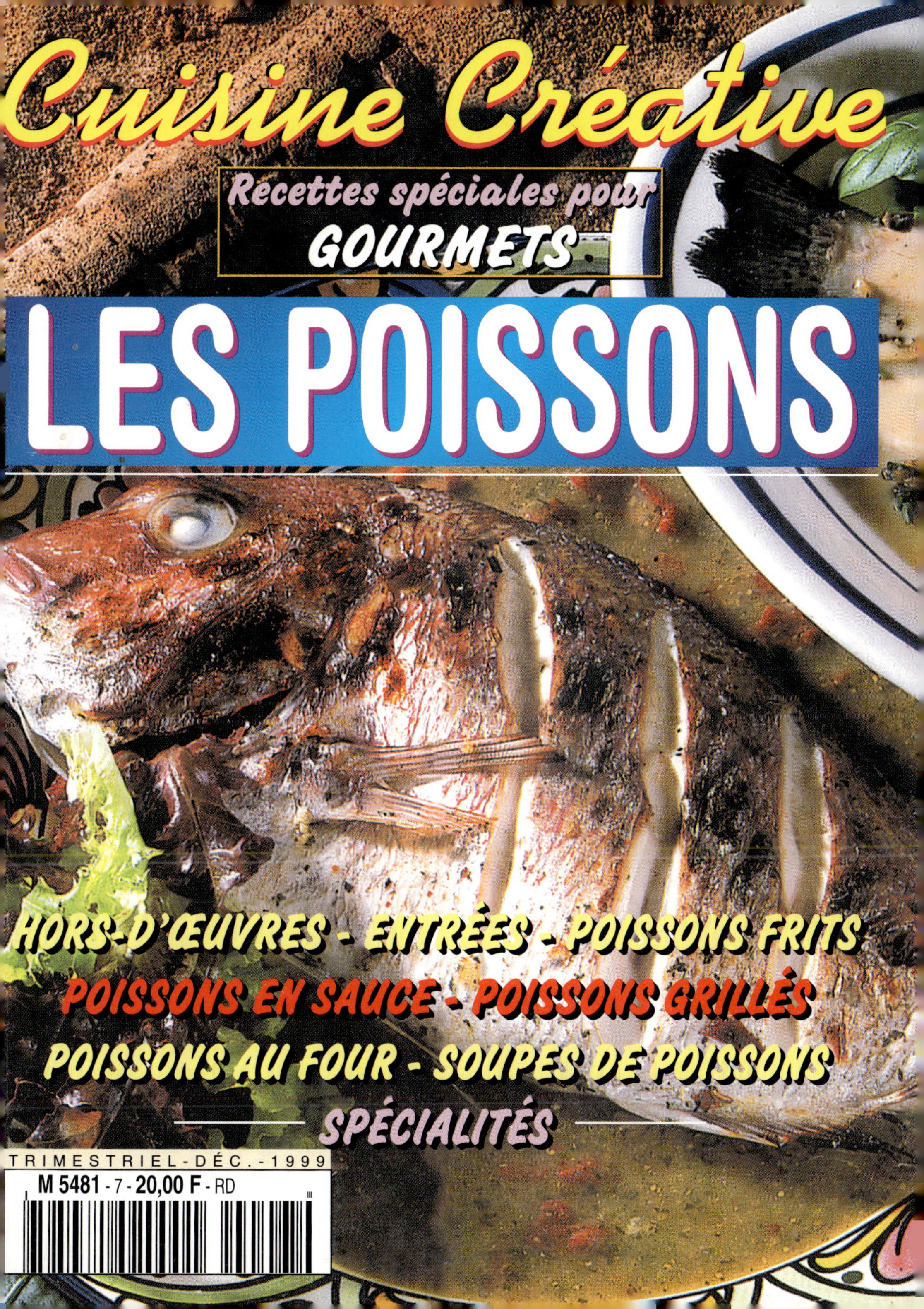

Cuisine Créative

Recettes spéciales pour **GOURMETS**

LES POISSONS

HORS-D'ŒUVRES - ENTRÉES - POISSONS FRITS

POISSONS EN SAUCE - POISSONS GRILLÉS

POISSONS AU FOUR - SOUPES DE POISSONS

SPÉCIALITÉS

TRIMESTRIEL - DÉC. - 1999

M 5481 - 7 - 20,00 F - RD

TABLE DES MATIERES

LE POISSON

La France n'est certainement pas le pays où l'on mange beaucoup de poisson et celui-ci n'a pas la place qu'il mérite réellement dans notre alimentation. Et c'est sans doute une erreur car, à bien des points de vue, le poisson est un mets de choix que l'on devrait consommer plus d'une fois par semaine.

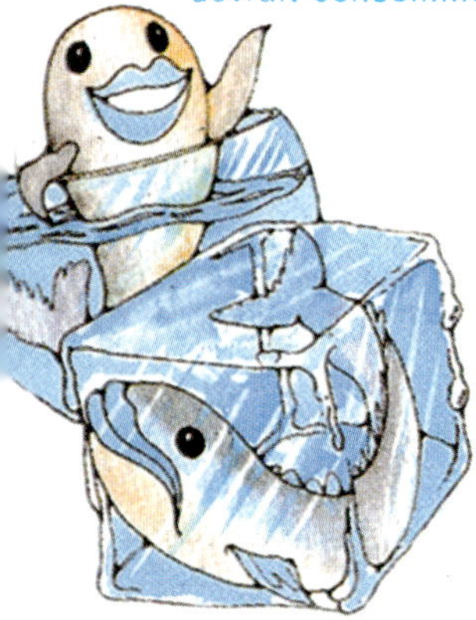

Il contient des quantités importantes d'éléments minéraux, comme le fer, l'iode, le phosphore et en quantités importantes le calcium. Soulignons par ailleurs que le poisson, qu'il soit de mer, de lac ou de rivière est un aliment essentiellement protéique, comme la viande. Le poisson et la viande, donc, s'équivalent et peuvent prendre l'un la place de l'autre, sans déséquilibre pour notre alimentation.

Ce sont encore les experts en alimentation qui affirment que c'est dans la mer que l'homme du XXe siècle trouvera les ressources nécessaires à son existence.

Ce magazine est édité par **PRESSES ET AUTEURS ASSOCIÉS**
B.P. 99 – 75622 PARIS – CEDEX 13
Directeur de la publication : A. GUERBER. Dépôt légal à parution.
Distribution : NMPP. Imprimé en CEE. – Trimestriel
Imprimerie PONS s.a. – CAGNES-SUR-MER – 04 92 12 60 20

HORS-D'ŒUVRE DE POISSONS ET CRUSTACÉS

Araignées en vinaigrette

Préparation et cuisson : 40 à 50 minutes

Pour 4 personnes

4 araignées
1 bouquet garni, huile,
1 sauce vinaigrette,
sel, poivre

— Les araignées de mer se cuisent à l'eau bouillante, salée et aromatisée avec un gros bouquet garni. Comptez 1/2 heure à 3/4 d'heure de cuisson à ébullition moyenne. Laissez les araignées refroidir dans leur cuisson. Lorsqu'elle sont tièdes, égouttez-les, détachez les pattes, séparez le corps de la carapace et coupez-le en quatre. Recueillez alors la pâte brun-jaune qui se trouve à l'intérieur et utilisez-la pour corser et lier une vinaigrette. Le corps et les pattes se servent sur une assiette et la carapace fait office de saucière.

un gros-plant

Crabe printanier

Préparation : 15 minutes

Pour 4 personnes

400 g de crabe en boîte,
1 orange sanguine,
1 bol de mayonnaise,
16 olives noires,
4 grandes feuilles de laitue.

— Préparez la mayonnaise et ajoutez-y le jus d'orange en passant au mixer. Egouttez la chair de crabe. Sur un large plat, vous déposez des feuilles de laitue sur lesquelles vous posez les fonds d'artichaut. Vous garnissez ceux-ci avec la chair de crabe que vous nappez avec la sauce mayonnaise à l'orange. Vous prenez les zestes d'orange, vous les râpez et en parsemez la chair de crabe. Vous décorez avec les olives noires.

un muscadet

Flan aux fruits de mer

Préparation et cuisson : 45 minutes

Pour 4 personnes

250 g de crabe en boîte,
75 g de crème fraîche,
150 g de moules décoquillées,
150 g de crevettes roses
4 œufs, 1/2 litre de lait,
250 g de pâte feuilletée,
sel, poivre, safran.

— Faites une abaisse de pâte feuilletée et foncez-en un moule à flan bien beurré. Faites cuire à four chaud, à moitié. Faites alors bouillir le lait. Versez-le sur les œufs entiers mélangés à la crème fraîche et fouettez bien. Puis, assaisonnez avec le sel, le poivre et une pincée de safran. Sortez la pâte du four. Coupez les tomates en tranches assez épaisses et égouttez-les après avoir enlevé les pépins. Dressez-les sur le fond de la pâte ainsi que la chair de crabe égouttée, les moules décoquillées et les crevettes décortiquées et versez l'appareil à flan. Faites cuire à four chaud pendant 20 minutes et servez chaud ou froid.

un chablis

Salade de saumon fumé

Préparation : 30 minutes

Pour 4 personnes

300 g de saumon fumé
2 œufs durs, 200 g de beurre
300 g de macédoine de légumes
1 petite boîte de thon en miettes
1 tasse de mayonnaise,
1 truffe

— Au centre d'un plat creux disposez en dôme la macédoine de légumes. Roulez les tranches de saumon sur elles-mêmes et, ensuite, taillez-les en tranches de manière à former des petites lamelles dont vous couvrez bien la surface de la macédoine de légumes. Séparément, mélangez le thon au beurre et travaillez le mélange jusqu'à ce que vous obteniez une crème homogène et onctueuse que vous mélangez à la mayonnaise. Tournez bien. Couvrez avec cette sauce la macédoine et le saumon, abondamment de telle sorte que la sauce coule vers le bas. Décorez le bas du plat tout autour de la préparation avec des tranches d'œufs durs. Saupoudrez le tout avec de très, très fines tranches de truffes.

un riesling

Cocktail de crevettes

Préparation : 30 minutes

Pour 4 personnes

500 g de crevettes roses
une mayonnaise, 4 cuillerées à soupe de cognac + 1 de sauce Worcester, 5 cuillerées à soupe de crème fraîche fouettée, persil haché, 1 bonne pincée de paprika chiffonnade de laitue, sel, poivre

— De préparation facile, vous pouvez être assuré du bon accueil que vos convives réserveront à ce hors-d'œuvre. Commencez par décortiquer les crevettes après leur cuisson. Vous les mélangez à la mayonnaise déjà préparée. Ajoutez alors le cognac et la sauce Worcester. Salez, poivrez, mélangez soigneusement le tout et ajoutez-y en dernier lieu la crème fraîche fouettée. Dans de larges coupes, vous déposez une chiffonnade de laitue et dessus vous versez le précédent mélange monté en dôme. Vous parsemez de paprika et de persil haché et vous servez très frais. Un régal !

un gewurtstraminer

Moules, amandes, cigales de mer

Préparation et cuisson : 40 minutes

Pour 4 personnes

500 g de moules,
400 g d'amandes de mer
400 g de cigales de mer,
jus de 2 citrons
Persil haché, poivre, huile, sel

— Grattez, brossez et lavez les coquillages et crustacés à l'eau froide. Placez dans une marmite, avec l'huile, sel et poivre, le persil haché très fin, et, en couches successives, les moules, les amandes et les cigales de mer. Arrosez le tout de jus de citron. Couvrez la marmite, allumez le feu, et faites cuire à feu modéré pendant un quart d'heure, en remuant deux ou trois fois. Les coquillages s'ouvriront au cours de la cuisson. Servez dans le même récipient de cuisson. Chaque convive arrosera coquillages et crustacés avec un peu de jus qui se sera formé sur le fond de la marmite.

un sylvaner

Salade de saumon fumé -

ENTRÉES DE POISSONS, CRUSTACÉS, ESCARGOTS, CUISSES DE GRENOUILLES

Escargots à la milanaise

Préparation et cuisson : 1 heure

Pour 4 personnes

4 douzaine d'escargots vivants ail, persil, céleri un petit sachet de graines de fenouil, sauge, huile, 100 g de beurre, 8/9 noix, sel, poivre

— Ebouillantez les escargots, lavez-les, laissez égoutter et nettoyez-les. Retirez-les de leur coquille et gardez celles-ci. Faites revenir les escargots dans un peu d'huile avec de l'ail, du persil et du céleri hachés. Mettez les escargots dans une poêle à feu bas avec les graines de fenouil. Saupoudrez avec la sauce, ajoutez le sel et le poivre, mouillez avec un peu d'eau chaude (ou bouillon) et laissez chauffer jusqu'à ce que le jus soit presque complètement sec. Retirez le fenouil et la sauge. Réservez les escargots. Ecrasez dans un mortier les noix et mélangez ce hachis avec le beurre pour en faire une pâte. Mettez chaque escargot dans sa coquille. Mettez-y quelques gouttes du jus de cuisson. Bouchez la coquille avec le hachis de beurre et noix et servez très chaud.

un rouge léger du beaujolais

Brochettes de moules au paprika

Préparation et cuisson : 40 minutes

Pour 4 à 6 personnes

2 kg de moules, huile de friture 3 cuillères à soupe de maïzena 1 de sel de céleri, 2 cuillères à soupe de paprika, poivre de cayenne, pique-cerises en bois Mayonnaise : 1 bol de mayonnaise 1 cuillerée à café de jus de citron, 2 cuillerées à soupe de vieux calvados, 2 cuillères à soupe de tomato-ketchup 1 cuillerée à café de paprika

– Grattez et lavez bien les moules. Dans une casserole, à feu vif, sans ajouter de liquide, laissez les moules s'ouvrir. Secouez souvent la casserole. Puis égouttez-les, sortez-les des coquilles et laissez refroidir. Préparez la mayonnaise bien ferme et ajoutez-y le ketchup, le calvados, un peu de jus de citron. Mélangez bien et vérifiez l'assaisonnement auquel vous ajoutez une pincée de paprika. Piquez les moules par 4 sur des pique-cerises en bois. Déposez dans un sac en plastique le sel de céleri, la maïzena, le paprika et une légère pincée de poivre de cayenne. Fermez le sac et secouez pour mélanger les ingrédients. Dans le sac, mettez les petites brochettes avec les moules. Tenez-le fermé en secouant à nouveau afin que les brochettes soient bien recouvertes de la mixture. Faites chauffer fort l'huile, plongez-y les brochettes et laissez dorer deux minutes. Egouttez-les avec soin et posez-les sur le plat de service garni d'un papier absorbant. Servez très chaud avec le bol de mayonnaise. Chacun se servira.

un rosé de béarn

Truites en filets

— Faites préparer les filets par votre poissonnier. Vous gagnerez un temps appréciable. Versez en premier lieu un nuage de farine blanche sur les filets. Faites chauffer l'huile dans une poêle et, lorsqu'elle est chaude, mettez les filets à dorer, 5 minutes de chaque côté, (pas plus). Egouttez les filets sur un papier de cuisine. Toute trace d'huile doit disparaître. Ensuite, vous posez les filets sur un plat de service tenu au chaud. Faites chauffer le beurre dans une petite casserole et versez-le très chaud sur les filets. Saupoudrez-les à la dernière minute de persil haché et de clous de girofle. Salez et poivrez. Servez avec des pommes vapeurs persillées.

Préparation et cuisson : 30 minutes

Pour 4 personnes

4 truites de 250 à 300 g (soit 8 filets), 1 verre à vin d'huile, 60 g de beurre, farine 8 clous de girofle broyés, persil haché, sel, poivre

un meursault

Darnes de lotte grillées

— D'abord, placez les tranches de de lotte sur un plat, assaisonnez-les, des deux côtés, d'huile, sel, poivre et romarin haché. Faites chauffer le gril : quand il est bien chaud, mettez à cuire les tranches de poisson, en les arrosant de temps en temps de jus de la marinade ; après un certain temps, retournez les tranches pour qu'elles cuisent de l'autre côté. Préparez la sauce : dans une petite casserole, mettez les olives dénoyautées, l'oignon, les échalotes et l'ail hachés, un peu d'huile et le piment en menus morceaux. Ajoutez une petite cuillère à soupe de cognac. Amenez à ébullition, éteignez le feu et ajoutez le basilic haché. Dressez le poisson bien cuit dans un plat de service, nappez-le de sauce aux olives, servez chaud ou tiède.

Préparation et cuisson : 45 minutes

Pour 4 personnes

tranches de lotte de 150 à 200 g romarin, huile, sel, poivre *Pour la sauce :* 100 g d'olives noires à l'huile, 1 oignon moyen 2 échalotes, 1 piment, 2 gousses d'ail, 1 cuillère à soupe de cognac huile, basilic

un sancerre

Gratin de langoustines

— Plongez d'abord les langoustines vivantes dans de l'eau bouillante salée. Après 3 minutes, ajoutez les crevettes et terminez la cuisson pendant 5 minutes encore. Vous retirez les langoustines et les crevettes et vous les décortiquez. Réservez au chaud. Pilez les têtes, les carapaces et les queues. Laissez chauffer le tout dans un bol de bouillon de cuisson et portez à ébullition pendant 5 minutes. Passez au chinois avec le bouillon et laissez réduire ce fumet au tiers. Préparez une sauce blanche avec un roux blond lié à la crème. Incorporez alors le fumet réduit. Beurrez un plat à four, disposez-y les langoustines et les crevettes. Nappez avec la sauce. Saupoudrez de gruyère râpé. Mettez au four et laissez gratiner le temps d'avoir une légère croûte dorée (10 minutes). Servez chaud dans le plat à gratin.

Préparation et cuisson : 45 minutes

Pour 4 à 6 personnes

2 kg de langoustines vivantes 300 g de crevettes bouquet 150 g de crème fraîche, 50 g de beurre, 30 g de farine 50 g de gruyère râpé, sel, poivre

un blanc sec de macon

Spaghetti aux coques

— Grattez et lavez plusieurs fois les coques. Mettez-les au feu dans une casserole sans y mettre d'eau, laissez chauffer jusqu'à ce qu'elles s'ouvrent. Retirez les coques de leur coquille et mettez-les à part. Dans une autre casserole mettez un peu d'huile, un peu de persil et versez-y les coques. Joignez-y les tomates pelées que vous aurez coupées en morceaux minces et laissez cuire 6 à 7 minutes. Mettez à cuire les spaghetti dans beaucoup d'eau bouillante salée et faites cuire « al dente » (qu'ils soient croquants et non mous). Laissez-les égoutter et versez-les dans un plat profond où vous aurez versé un peu d'huile. Sur les spaghettis vous versez les coques. Vous mélangez le tout, salez et poivrez à convenance et servez très chaud.

Préparation et cuisson : 50 minutes

Pour 4 personnes

600 g de spaghetti
800 g de coques, huile, persil
une boîte de tomates pelées
sel, poivre

un rosé de provence

Soufflé de poisson

— Hachez finement le poisson (colin, cabillaud, merlu), bien dépouillé de toutes arêtes. Salez, poivrez. Parfumez d'une bonne pincée de curry. Préparez une béchamel avec le lait, les jaunes d'œufs, la farine. Incorporez le poisson à la béchamel ainsi que la crème fraîche. Battez les blancs d'œufs restants en neige ferme et ajoutez-les à la préparation, très délicatement en soulevant la masse. Faites chauffer le four doucement (therm. 4) pendant 10 minutes devant d'y mettre le soufflé. Beurrez un moule à soufflé. Laissez cuire 10 minutes, puis, augmentez la température du four (therm. 6) et laissez cuire encore 15 minutes. Servez aussitôt. Vous pouvez employer aussi les moules individuels.

Préparation et cuisson : 45 minutes

Pour 4 personnes

300 g de chair de poisson cuit au court-bouillon
6 blancs d'œufs
une petite tasse de crème fraîche
100 g de beurre, sel, poivre, curry
béchamel : 75 g de farine, 1/2 l de lait, 6 jaunes d'œufs.

un meursault

Grenouilles au chablis

— Lavez et puis essuyez bien les cuisses Assaissonez de sel et poivre, passez-les au lait et à la farine et faites-les rissoler 5 minutes dans la poêle avec du beurre. Retirez les cuisses et réservez au chaud. Dans la même poêle, mettez une poignée de fines herbes, une gousse d'ail écrasée, une échalote hachée fin et mouillez d'un bon verre de chablis. Laissez réduire. Retirez la poêle du feu et liez le mélange avec le beurre. Avec cette sauce, vous nappez les grenouilles tenues au chaud. Saupoudrez avec du persil haché et servez très chaud.

Préparation et cuisson : 15 minutes

Pour 4 personnes

16 paires de cuisses de grenouilles
1 poignée de fines herbes
1 échalote, 1 gousse d'ail
2 bons verres de chablis
beurre, persil

un chablis

Spaghetti aux coques →

Marmite dieppoise

— Lavez le riz et mettez-le dans l'eau bouillante pendant 12 à 15 minutes. Lorsqu'il aura crevé, égouttez-le, passez-le à l'eau froide et mettez-le à sécher au four préalablement chauffé. Lavez les moules. Versez le vin blanc dans une casserole avec les moules et 1 oignon coupé en fines tranches. Couvrez et laissez cuire. Pendant le même temps, dans une autre casserole, faites cuire à l'eau bouillante les crevettes et les langoustines. Décortiquez soigneusement le tout et mélangez aux moules sorties de leurs coquilles en fin de cuisson. Mélangez le tout et réservez. Dans une casserole faites fondre le beurre et versez-y le contenu des sachets de potage aux champignons. Remuez et versez l'eau froide en une seule fois. Faites bouillir en tournant. Réduisez le feu et laissez cuire 5 minutes à feu doux. Ajoutez crevettes, langoustines et moules dans cette sauce ainsi que le vin blanc (filtré) qui a servi à la cuisson des moules, rectifiez l'assaisonnement. Déposez le riz en dôme sur un plat de service profond et nappez avec la précédente sauce et, bien entendu, les moules, crevettes et langoustines. Tout doit être servi bien chaud.

Préparation et cuisson :
45 minutes

Pour 4 à 6 personnes

200 g de riz
250 g de crevettes roses
1 kg de moules, 10 langoustines
2 verres de vin blanc sec
1 gros oignon, 2 sachets
de potage aux champignons
60g de beurre, sel, poivre

un muscadet

Chaussons aux langoustines et crevettes

— Faire cuire 10 m les langoustines au court-bouillon, laissez-les refroidir puis épluchez-les (y compris la tête). Ecrasez le tout à la fourchette. Faites de même avec les crevettes (qu'il faut soigneusement décortiquer). Melez ensemble la chair des langoustines et des crevettes, ajoutez poivre, sel et 1 cuillerée à soupe de vieux calvados. Dans une terrine, mélangez farine, sel et beurre et formez une pâte très lisse que vous laissez reposer 1 heure. Etendez ensuite la pâte sur 1/2 cm et découpez des ronds de 12 cm de diamètre. Déposez ensuite 2 cuillerées du mélange langoustines-crevettes sur la moitié des cercles de pâte dont vous mouillerez les bords, rabattez l'autre moitié et soudez les bords en appuyant fort du bout des doigts. Préchauffez le four 5 m. Dorez les chaussons au jaune d'œuf dilué dans un peu d'eau. Dessinez un motif sur la face supérieure et cuisez à four moyen pendant 25 m.

Préparation et cuisson :
1 heure 45 minutes

Pour 4 personnes

belles langoustines
150 g de crevettes grises
250 g de farine, 80 g de beurre
1 jaune d'œuf, 1 cuillerée à soupe
de calvados, sel, poivre

un tokay d'alsace

Coquilles Saint-Jacques à la nage

Préparation et cuisson : 40 minutes

Pour 4 personnes

10 coquilles Saint-Jacques, 50 g de petits oignons, 75 g d'échalotes 1 gousse d'ail, 1 bon verre de muscadet, 1 cuillerée à soupe rase de concentré de tomates 60 g de beurre, persil haché 1 citron, sel, poivre

— Brossez les coquilles dans l'eau fraîche plusieurs fois. Laissez-les s'ouvrir en les posant près du feu de la cuisinière. Lorsqu'elles s'entrouvrent, détachez la partie plate. Retirez la chair des coquilles en passant sous la noix la pointe d'un couteau à lame souple. Enlevez la petite poche noirâtre attenant à la noix. Lavez les chairs à l'eau froide. Egouttez-les. Dans une sauteuse, faites blondir les chairs des coquilles dans le beurre chaud. Ajoutez les oignons et les échalotes coupées, remuez à feu vif pendant 3 minutes. Ajoutez alors le concentré de tomates et le muscadet. Faites bouillir à feu vif pendant 5 minutes puis baissez le feu et finissez la cuisson (10 à 12 minutes) doucement. Servez très chaud dans un plat de service mi-creux. Arrosez de persil haché et d'un jus de citron. S'accompagne fort bien avec des pommes vapeur persillées.

un blanc de cassis

Couronne de riz aux crustacés

Préparation et cuisson : 1 heure

Pour 4 personnes

250 g de riz, 1/2 litre de moules 8 coquilles Saint-Jacques 1 tasse moyenne de crevettes grises décortiquées, 75 g de beurre 1 cuillère à café rase de safran un court-bouillon au vin blanc, sel, poivre

— Grattez, brossez et lavez bien les moules. Dans une casserole à feu vif, laissez-les s'ouvrir (5 minutes). Pendant le même temps, vous préparez un court-bouillon qui doit être très relevé. Vous laissez cuire pendant 1/4 d'heure et ensuite, durant 3 à 4 minutes (pas plus) vous faites pocher les noix des coquilles Saint-Jacques ainsi que leur corail dont vous aurez coupé les barbes. Retirez alors les mollusques et réservez-les au chaud. Passez le court-bouillon à travers un linge très fin. Prenez une sauteuse à fond épais, et faites-y chauffer le beurre. Versez-y le riz (non lavé) et mélangez-le au beurre à feu doux. Surveillez le riz et, lorsque les grains sont devenus transparents, ajoutez le court-bouillon dont le volume doit-être le double du riz. Ajoutez le safran. Couvrez la casserole et laissez cuire environ 25 minutes (pas plus) à faible ébullition. Le riz, à la cuisson doit absorber la totalité du bouillon. Pendant ce temps, retirez les moules des coquilles et mélangez-les aux crevettes et aux coquilles Saint-Jacques. Mettez-les dans un récipient que vous passez au bain-marie à feu doux. Sur un large plat de service, posez le riz cuit en couronne et déposez au centre les crustacés Vérifiez l'assaisonnement.

un sancerre

Soupe calabraise

Préparation et cuisson : 1 h 20 minutes

Pour 4 à 5 personnes

1 kg de poissons variés (voir en fin de recette), 1 kg de moules 2 oignons, 1 boîte de tomates pelées, 2 gousses d'ail, 1 poireau persil, laurier, fines herbes, huile sel, poivre, 1/2 litre de vin blanc sec, 2 pincées de safran, quelques graines de fenouil

— D'abord, nettoyez et apprêtez bien les poissons. Ensuite coupez-les en morceaux plus ou moins gros selon les poissons et leur tendreté. Dans une casserole, versez un peu d'huile et faites-la chauffer et puis versez-y les moules après les avoir grattées et passées plusieurs fois à l'eau courante. Quand les moules se sont ouvertes, retirez la casserole du feu et retirez les moules des coquilles. Filtrez le jus de cuisson et réservez-le. Dans une grande casserole, mettez l'huile, le vin, les deux oignons et le poireau hachés, les gousses d'ail, le persil haché fin, les tomates pelées coupées en morceaux, le laurier, les fines herbes, les grains de fenouil, le safran et tous les morceaux de poissons. Laissez bouillir doucement pendant 12 à 15 minutes environ, ensuite versez un peu d'eau bouillante, salez, poivrez et ajoutez les moules avec leur jus de cuisson réservé. Couvrez la casserole et laissez cuire encore 10 minutes. Contrôlez la cuisson du poisson. (Certains ont une chair plus tendre). Servez très chaud dans une soupière avec des tranches de pain frites ou grillées. A noter que les meilleurs poissons pour cette soupe sont les grondins, les merlans, le congre, la lotte, la vive, le lieu.

un blanc de cassis

Chaudrée des Charentes

Préparation et cuisson : 1 heure

Pour 4 à 6 personnes

1 kg 500 de poissons (petites soles et anguille de mer), 12 petits oignons blancs, 3 gousses d'ail, beurre, 1 bouquet garni, 1/2 litre de vin blanc, girofle, sel, poivre, pommes de terre selon goût.

— Dans un poêlon vous faites revenir au beurre les petits oignons blancs coupés en quartiers avec trois gousses d'ail haché gros et un bouquet garni. Vous nettoyez bien les petites soles et l'anguille dont vous coupez la tête. Puis vous coupez l'anguille en tronçons. Vous ajoutez le poisson dans le poêlon avec quelques clous de girofle, poivrez, salez. Vous couvrez les poissons avec 1/2 litre de vin blanc sec, portez à ébullition et laissez cuire pendant 30 minutes. Après cuisson, retirez les poissons et réservez au chaud sur un plat près du feu. Laissez réduire le bouillon de cuisson et passez-le au tamis. Servez les poissons sur un grand plat et arrosez-les avec le jus de cuisson. Vous pouvez ajouter quelques pommes de terre à la cuisson.

un muscadet

Soupe calabraise →

La cotriade

— C'est un peu la bouillabaisse de Bretagne en moins relevé. Coupez les gros poissons en tronçons et étêtez les petits. Epluchez les pommes de terre et taillez-les en rondelles. Lavez-les et égouttez-les avec soin. Dans une marmite, disposez les têtes de poissons et leurs parures, 2 oignons épluchés et coupés en deux, le bouquet garni, la branche de céleri, 2 litres d'eau, salez et poivrez. Couvrez et laissez bouillir 30 minutes. Passez ce bouillon en pressant les têtes et les parures pour en recueillir le jus. Réservez. Faites revenir dans le beurre l'ail écrasé sans lui laisser prendre couleur, ajoutez le blanc du poireau et les deux oignons restants, épluchés et hachés. Remuez bien, ajoutez les pommes de terre, salez, poivrez et faites rissoler 15 minutes. Hors du feu, ajoutez sur les pommes de terre le bouillon, remettez à cuire 10 minutes et ajoutez tout le poisson (paré, vidé et nettoyé). Laissez cuire à feu doux pendant 25 minutes encore. Vérifiez à la fourchette le temps de cuisson. Pour servir, retirez le poisson à l'écumoire, puis les pommes de terre et disposez le tout sur un long plat de service. Dans le bouillon, ajoutez alors la crème fraîche et le jus de citron. Le pain saupoudré de fromage râpé est posé d'abord dans l'assiette du convive et consommé en premier après avoir été arrosé de bouillon dans l'assiette. Ensuite on sert les pommes de terre et les poissons tenus au chaud avec la sauce vinaigrette.

Préparation et cuisson : 1 h 45

Pour 6 personnes

300 g de congre, 300 g de lieu, 1 dorade de 500 g, 300 g de lotte, 1 rouget-barbet de 400 g, de pommes de terre, 3 oignons, 3 branches de céleri, 1 blanc de poireau, 1 gousse d'ail 100 g de beurre, 125 g de crème fraîche, le jus d'un citron, 100 g de gruyère râpé, 1 bouquet garni, 1 vinaigrette 12 petites tranches de pain grillé, sel, poivre.

un gros-plant

Bourride de Provence

– Videz, nettoyez les poissons et coupez-les en tronçons assez gros. Ensuite vous préparez un court-bouillon au vin blanc, eau, légumes, ail, le poireau émincé, 2 oignons piqués de girofle, fenouil, 1 carotte, bouquet garni. Vous laissez bouillir le court-bouillon à feu vif 5 minutes et vous y versez les poissons avec un zeste d'orange. Vous reportez à ébullition vive pendant 10 minutes et puis vous retirez du feu. Retirez les poissons et réservez au chaud sur un plat chaud. Vous passez le bouillon au tamis en écrasant les légumes. Vous liez alors le bouillon avec une tasse d'aïoli (préparée déjà) et les 4 jaunes d'œufs. Vous remettez au feu et faites chauffer jusqu'à ébullition en tournant avec une grande cuillère en bois. Vous versez le bouillon-sauce obtenu, dans une soupière où vous aurez déposé les tranches de pain grillées. Vous servez le poisson dans un plat creux de service avec une saucière d'aïoli seul. Le bouillon sera dégusté dans des assiettes creuses avec le pain et les morceaux de poissons.

Préparation et cuisson : 50 minutes

Pour 4 à 6 personnes

1 kg 500 de poissons blancs (lotte, loup, dorade, mulet, grondin), 4 jaunes d'oeufs, 1 petite soupière d'aïoli, pain grillé, court-bouillon : 0,800 l. d'eau, 1 bouteille de vin blanc, 1 poireau émincé, bouquet garni, 2 oignons, piqués de girofle, 1 morceau d'écorce d'orange, pain grillé, sel, poivre.

un blanc de cassis

Soupe au poisson des corsaires

— Grattez et lavez soigneusement les coquillages, préparez les poulpes et les seiches en morceaux, coupez en lanières les poivrons, hachez l'ail et unissez-le à un hachis d'aromates (marjolaine, thym, basilic, sauge, ciboulette etc.)...

Dans une casserole en terre cuite mettez poivrons, piment, ail, aromates, huile, vin rouge : faites chauffer, puis mettez à cuire dans cette sauce parfumée les poulpes et les seiches ; après vingt minutes de cuisson, arrosez au rhum, puis ajoutez moules et clovisses et mélangez vigoureusement. Laissez cuire encore 15 minutes à feu modéré. A la fin de la cuisson, après avoir éteint le feu, goûtez pour vérifiez l'assaisonnement, salez et poivrez à votre goût, saupoudrez de noix muscade et servez aussitôt.

**Préparation et cuisson :
1 h 10 minutes**

Pour 4 personnes

500 g de moules, 300 g de clovisses (dans leurs coquilles) 400 g de petits poulpes et 400 g de petites seiches, 4 gousses d'ail, 2 piments de Cayenne, 1 poivron rouge, vin rouge, 1 poivron vert, 1 petit verre de rhum blanc, 1 bouquet garni, 1 verre d'huile, noix de muscade, sel, poivre.

une clairette du languedoc

Soupe de morue à l'Italienne

— Laissez baigner dans l'eau, pendant 12 heures, les filets de morues en ayant soin de changer l'eau toutes les 3 heures. Puis vous laissez égoutter les filets. Ensuite, mettez-les dans une grande poêle profonde et recouvrez-les avec les pommes de terre cuites et coupées en tranches fines. Ajoutez-y les tomates débarrassées de leurs graines et hachées gros. Ajoutez encore le verre d'huile et assaisonnez avec l'ail écrasé et le piment rouge. Salez et poivrez. Mettez à feu doux et, lorsque le tout commencera à roussir, mélangez avec un peu de bouillon. Ajoutez le persil et poursuivez la cuisson pendant 3/4 d'heure en ajoutant de temps en temps un peu de bouillon. Servez très chaud après avoir versé le tout en soupière.

**Préparation et cuisson :
1 h 15 minute (+ 12 heures)**

Pour 4 personnes

700 g de filets de morue, 1/2 kg de pommes de terre, 4 tomates, 1 verre d'huile d'olive, ail, persil, bouillon, 1 piment rouge, sel, poivre.

un rosé de provence

Soupe aux moules

— Passez le fumet au tamis. Faites revenir carottes, oignons et poireaux à l'huile d'olive dans une petite casserole, à feu doux. Ajoutez l'ail haché, tomates écrasées et safran. Salez, poivrez. Mouillez avec le fumet et cuisez 30 minutes à feu doux. Brossez les moules à l'eau courante. Laissez-les s'ouvrir dans une casserole au feu avec le vin blanc et les échalotes hachées. Egouttez-les dans une passoire et gardez le jus de cuisson passé dans un linge fin. Enlevez une coquille des moules. Pour servir, ajoutez les moules et leur jus de cuisson à la première préparation.

**Préparation et cuisson :
1 heure**

Pour 4 personnes

1 litre de fumet de poisson, 1 kg 500 de moules 1 grand verre de vin blanc 2 gousses d'ail, 2 tomates 2 carottes, 2 oignons, 1 poireau coupé, 3 échalotes, 1 cuillerée à café de safran, 1/2 verre d'huile d'olive, sel, poivre

un muscadet

Beignets de langoustines

Préparation et cuisson : 50 minutes (+ 1 heure)

Pour 4 personnes
20 belles langoustines, huile abondante, 2 citrons, béarnaise ou mayonnaise (facultatif.
Pour la pâte :
1 grand verre de lait, 1 oeuf, 8 cuillères à soupe de farine tamisée, 1 petit verre de cognac, 4 cuillerées de fécule de pommes de terre, 1 pincée oignon en poudre, poivre, sel, noix muscade.

— Préparez d'abord la pâte à frire. Dans un large saladier, mélangez le lait, la farine et la fécule. Mélangez et faites une pâte liquide. Joignez-y l'œuf, le cognac et l'oignon en poudre, la noix de muscade, sel et poivre. Mélangez à nouveau fortement afin d'obtenir une pâte très homogène et onctueuse, pas trop dense, pas trop liquide. Plongez-y complètement les langoustines et laissez-les reposer pendant une heure. Faites chauffer l'huile dans la friteuse. Dès que l'huile est fumante, mettez-y les langoustines, quelques-unes à la fois. Il faut éviter qu'elles ne s'attachent entre elles. Laissez frire 15 à 18 minutes jusqu'à ce que les beignets soient bien dorés. Vous les égouttez sur un papier absorbant et vous servez avec des rondelles de citron. Vous pouvez aussi accompagner d'une sauce béarnaise ou mayonnaise à convenance. Pour les gourmands, vous pouvez mettre 6 à 7 beignets par personne.

un muscat d'Alsace

Anguille panée frite

Préparation et cuisson : 40 minutes

Pour 4 personnes

1 belle anguille de mer de 800 à 900 gr, farine, 1 ou 2 oeufs, chapelure, 2 citrons, huile abondante, chapelure, sel.

— Pour enlever la peau de l'anguille, vous faites une incision sous la tête et vous tirez la peau jusqu'à ce qu'elle se soit entièrement retournée. Vous coupez l'anguille en tronçons moyens. Vous ouvrez les tronçons et enlevez l'arête centrale. Vous lavez bien les morceaux à l'eau froide salée et puis vous les sécher dans un linge. Vous aplatissez aussi un peu les tronçons avec la main. Vous les passez dans la farine et ensuite dans 1 ou 2 œufs battus. Enfin, vous les roulez dans la chapelure fine. Faites chauffer fort l'huile dans la friteuse et quand l'huile est fumante, plongez-y les morceaux d'anguille pendant 15 minutes ou un peu plus selon la grosseur. Retirez-les alors de l'huile avec une écumoire et laissez égoutter sur un papier absorbant. Salez encore très légèrement et servez sur le plat de service avec de fines tranches de citron. Une salade verte assaisonnée peut être servie comme accompagnement.

un quincy

Rougets frits et flambés

— Ecaillez, videz et lavez les rougets à l'eau froide. Essuyez-les soigneusement. Passez-les dans la farine. Faites chauffer l'huile et faites frire les rougets dans l'huile fumante pendant 15 minutes environ. Pendant ce temps, préparez le plat de service et les ingrédients. Sortez les rougets de la friture et laissez-les égoutter. Placez-les sur le plat de service très chaud et disposez autour des poissons les feuilles de menthe et la salade verte. Arrosez les poissons avec les amandes effilées et quelques zestes de citron. Saupoudrez de sel et poivre. Arrosez les rougets de marc de bourgogne et servez à table en flambant le poisson.

Préparation et cuisson : 40 minutes.

Pour 4 personnes

1 kg de rougets moyens, farine, huile, sel, poivre, un petit verre de marc de bourgogne.
Pour la garniture :
Zestes de citron, amandes effilées, feuilles de menthe et salade verte.

un sancerre blanc

Filets de perche frits

— Faites une petite marinade en battant les œufs avec le jus de 2 citrons dans un saladier. Plongez-y les filets de perche que vous aurez levés et lavés. Vous les y laissez mariner pendant deux heures en les couvrant complètement avec les feuilles de sauge. Retournez les filets une fois. Dans une grande poêle à bords hauts, mettez le beurre et l'huile et la sauge de la marinade. Laissez revenir puis retirez les feuilles de sauge. Sortez les filets un à un de la marinade, passez-les dans la chapelure et glissez-les dans la poêle. Laissez frire à feu vif pendant 6/7 minutes en les retournant à mi-friture. Servez très chaud avec les piments rouges bien lavés, coupés en deux et débarrassés des graines.

Préparation et cuisson : 30 minutes
Marinade : 2 heures

Pour 4 personnes

8 filets de belles perches, 2 oeufs, 2 citrons, sauge, 1 bon verre d'huile, 100 g de beurre, 200 g de chapelure, 4 piments rouges.

un sancerre blanc

Encornets sautés

— Prélevez les tentacules des petits poulpes. Passez-les à l'eau froide salée. Laissez égoutter et sécher. Puis, vous les coupez en tronçons. Emincez les échalotes et coupez les tomates en quartiers. Faites chauffer l'huile d'olive dans une poêle à bords hauts. Quand elle est bien chaude, ajoutez-y les tomates et les échalotes. Faites revenir pendant 10 minutes. Ajoutez alors les tronçons d'encornets, salez et poivrez légèrement. Tournez et retournez-les dans cette friture, passez à feu vif pendant 8 minutes. Ajoutez l'ail écrasé et le persil. Laissez encore frire 2 minutes et servez très chaud en arrosant avec le jus de friture et ses aromates. Peut s'accompagner de riz au curry.

Préparation et cuisson : 30 minutes

Pour 4 personnes

1 kg d'encornets, 200 g d'échalottes, 3 tomates, 1 petit verre d'huile d'olive, 2 gousses d'ail et persil haché, sel, poivre.

un rosé de béarn

Truites farcies

Préparation et cuisson : 1 h 45

Pour 4 personnes

4 truites de 150 à 200 g, 12 bouquets, 100 g de champignons émincés, 60 g de beurre, 2 citrons, 1 oeuf, 4 échalottes, 80 g fromage de brebis, persil, 1 petit verre de vin blanc sec, huile, tomato ketchup, sauce Worcester, 10 gr de farine, 1 petit verre de cognac, 150 g de crème fraîche, sel, poivre.

— Commencez par bien laver les truites. Puis, avec des ciseaux, ouvrez-les par le ventre. Videz-les. Enlevez l'arête dorsale avec toutes les arêtes et coupez la queue. Laissez la tête intacte et ouvrez les truites à plat sur le dos. Râpez le fromage de brebis, hachez le persil. Décortiquez les bouquets. Prenez-en 4 que vous hachez gros. Mettez-les à part. Dans une terrine, mettez le fromage râpé, le persil et les échalotes hachés, les champignons écrasés, un peu de sel, une pincée de poivre, quelques gouttes de sauce Worcester, 1 cuillère à soupe de cognac, un œuf dur écrasé, deux noix de beurre. Mélangez le tout en une pâte ferme. Sur les truites ouvertes, sur le dos, étendez la farce sur laquelle vous versez les 4 crevettes hachées. Roulez les truites sur elles-mêmes, lentement, en partant de la queue. A la fin, au creux de la tête, posez un bouquet (décortiqué) et piquez-le avec un pique-olives en bois sur la truite roulée. Vous déposez alors les truites dans une large poêle à bords hauts, avec le reste des bouquets. Salez et poivrez. Arrosez avec le vin blanc et 2 cuillères à soupe d'huile d'olive. Ajoutez un 1/2 verre de cognac et le jus d'un 1/2 citron. Posez sur la poêle un papier sulfurisé et passez à four chaud (200°). Laissez cuire 25 minutes. Puis déposez délicatement les truites sur un plat de service et réservez au chaud. Filtrez tout le jus de cuisson restant, ajoutez-y la crème fraîche avec une petite cuillère de farine et mettez le récipient à feu moyen en tournant toujours jusqu'à ce que la sauce s'épaississe. Liez avec une cuillerée de Ketchup et quelques gouttes de Worcester. Gouttez, rectifiez l'assaisonnement. Hors du feu, ajoutez une noix de beurre. Servez les truites avec la sauce en saucière et du citron.

un chablis

Sardines frites Côte d'Azur

Préparation et cuisson : 20 minutes

Pour 4 personnes

20 sardines, 2 citrons, 2 oeufs, chapelure, huile abondante, persil, sel, poivre.

— Coupez la tête des sardines, écaillez-les et lavez-les (il faut des sardines très fraîches). Faites-les sécher dans un papier absorbant. Ouvrez-les en deux sur toute la longueur. Videz et retirez l'arête. Salez et poivrez. Faites chauffer l'huile. Passez les sardines dans 2 œufs battus, puis aussitôt arrosez-les de chapelure sur les deux faces et plongez-les dans l'huile fumante pendant 6 minutes en laissant dorer les deux faces. Egouttez-les. Servez sur un plat de service chaud garni avec du persil et 2 citrons coupés en quatre.

un blanc de provence

← Truites farcies

Langouste grillée, sauce au porto

Préparation et cuisson : 55 minutes

Pour 4 personnes

2 langoustes vivantes 800/900 g, 80 gr de beurre, gros sel, bouquet garni, cerfeuil, 1 verre de Calvados, poivre, sel. Sauce au Porto : 4 échalotes hachées fin, poivre, 2 verres de bon Porto, 8 cuillères à soupe crème épaisse.

— Faites bouillir dans 1 grande marmite l'eau pour recouvrir la ou les 2 langoustes entièrement, ajoutez une poignée de gros sel et le bouquet garni. Plongez les (ou la) langoustes dans l'eau bouillante quelques instants, le temps de les tuer sans que l'ébullition commence. Retirez-les et fendez-les (ou la) en deux dans le sens de la longueur, retirez le boyau, la poche à gravier et brisez les pinces. Assaisonnez de poivre et sel et beurrez très largement les deux faces avec du beurre amolli. Faites bien chauffer le four à l'avance. Posez les demi-langoustes sur le gril du four au-dessus de la lèchefrite. Faites cuire à feu modéré (160°), 15 minutes de chaque côté. Disposez les langoustes sur un plat de service, en métal de préférence, arrosez de calvados et flambez. Puis, arrosez avec le jus de cuisson et parsemez légèrement de cerfeuil. Servez avec la sauce au Porto. Pour celle-ci, vous procédez comme suit : dans une petite casserole, mettez les échalotes hachées fin, avec le porto ; faites réduire deux tiers, ajoutez la crème épaisse, poivrez légèrement. Passez à feu doux et fouettez pendant 3/4 minutes. Servez chaud avec les langoustes.

un gewurtstraminer

Rougets grillés du Var

Préparation et cuisson : 45 minutes

Pour 4 personnes

4 beaux rougets, 100 g de beurre 1 verre de vin blanc, huile 2 échalotes, 1/2 gousse d'ail 1/2 citron, 1 cuillerée à soupe de crème liquide, 1 petit verre de cognac, les foies des rougets persil haché, sel, poivre Sauce Worcester

— Apprêtez les rougets, salez et poivrez-les. Ciselez-les sur le dos et mettez les foies à part. Faites chauffer le gril. Mettez deux noix de beurre dans une petite casserole, ajoutez-y 1/2 gousse d'ail hachée, le vin blanc, les échalotes hachées, le persil haché et une pincée de poivre. Laissez réduire à feu vif la 1/2 du volume. Ajoutez alors 1 cuillerée à soupe de crème fraîche, le beurre restant, 1 cuillerée à soupe de cognac et quelques gouttes de sauce Worcester, mélangez bien. Ajoutez les foies écrasés plus 1 cuillerée d'huile. Laissez chauffer à feu modéré en tournant. Réservez au chaud. La sauce doit être relevée. Huilez alors les rougets et posez-les sur le gril chaud. Faites-les griller pendant 6 minutes de chaque côté puis posez-les sur un long plat de service bien chaud. Flambez-les très vite et nappez avec toute la sauce. Arrosez avec le jus de citron et parsemez avec du persil haché très fin.

un blanc de cassis

Langouste grillée au porto —

Daurade grillée à la provençale

Préparation et cuisson : 50 minutes

Pour 4 à 5 personnes

1 Daurade de 1 kg 200, 3 belles tomates, 3 branches de fenouil, huile d'olive, 2 gousses d'ail, 1 oignon, persil, sel, poivre.

— Vous lavez la daurade à l'eau courante, vous la videz et pratiquez sur chaque côté quelques incisions. Roulez le poisson dans l'huile, assaisonnez de sel et poivre. Faites chauffer le gril. Posez sur le gril quelques branches de fenouil et dessus la daurade. Laissez cuire 12 à 15 minutes sur chaque face, selon la grosseur du poisson, à feu modéré. Arrosez plusieurs fois le poisson d'un peu d'huile d'olive pour qu'il ne s'attache pas au gril. Pendant ce temps, tout en surveillant la cuisson, vous pelez et épépinez les tomates que vous coupez en gros morceaux. Vous les faites cuire 10 minutes dans une poêle avec de l'huile d'olive, deux gousses d'ail haché. Secouez la poêle souvent. Placez la daurade sur un plat de service bien chaud et nappez avec le coulis de tomates. Rectifiez l'assaisonnement. Peut être accompagné de pommes à l'anglaise persillées.

un rosé de provence

Brochettes de langoustines

Préparation et cuisson : 30 minutes
Marinade : 1 heure

Pour 4 personnes

20 grosses langoustines, farine, sel, poivre, 1 verre de cognac, 1 tasse de sauce béarnaise ou rémoulade.
Pour la marinade :
Ail, huile, sel, persil et jus d'un citron.

— Faites une marinade avec de l'huile d'olive, sel, poivre, de l'ail et du persil haché et le jus d'un citron. Trempez-y les langoustines décortiquées et laissez-les pendant une heure. Séchez-les ensuite après les avoir égouttées avec soin. Salez et poivrez légèrement. Passez-les dans la farine et enfilez-les sur les broches. Faites chauffer le gril et cinq minutes après, posez-y les brochettes et laissez cuire 10 minutes en retournant les brochettes. Retirez-les du gril et avant de servir, arrosez-les avec du cognac et faites-les flamber. Servez aussitôt et accompagnez avec une sauce béarnaise ou une sauce remoulade que vous aurez préalablement préparée.

un muscadet

Harengs grillés

Préparation et cuisson : 35 minutes

Pour 4 personnes

4 beaux harengs frais, huile, sel, poivre, citron.

— Videz les poissons par les ouïes, lavez-les et épongez-les soigneusement. Faites chauffer le four un quart d'heure à l'avance et disposez alors les harengs, salés et poivrés, et huilés, sur la grille de la lèchefrite (four à 260° C, TH. 8). Vous laissez griller 10 minutes sur chaque face, la porte du four restant entrouverte. Retirez du four et placez les harengs sur un plat de service chaud. Servez avec des rondelles de citron et des petites pommes de terre sautées.

un muscadet

Soles grillées Maître d'Hôtel

— Il faut des soles très fraîches dont la peau noire aura été enlevée directement par votre poissonnier. Ecaillez la face blanche, lavez-les et épongez-les avec soin. Puis enduisez-les d'huile sur chaque face. Salez et poivrez. Posez-les sur le gril du four bien huilé (four à 200°) et laissez griller pendant 12 minutes en les retournant plusieurs fois. Prenez 4 belles tranches de citron et roulez-les dans le persil haché fin. Travaillez bien le beurre avec le persil haché fin et le jus d'un demi-citron. Posez les soles sur un plat de service très chaud. Recouvrez chaque sole avec le beurre que vous venez de préparer et disposez dessus une rondelle de citron persillée.

Préparation et cuisson : 25 minutes

Pour 4 personnes

4 belles soles de 250 g environ, 80 g de beurre persil, 1 verre à vin d'huille, sel, poivre.

un riesling

Saumon belles-rives

— Assaisonnez les tranches de saumon avec du poivre frais moulu et le jus d'un 1/2 citron. Passez-les dans la farine. Faites blondir 40 g de beurre dans une grande poêle. Déposez-y délicatement les darnes de saumon. Laissez dorer 8 à 10 minutes de chaque côté. Découpez l'oignon et les zestes d'un 1/2 citron en lamelles. Dans une petite poêle, faites revenir l'oignon en lamelles et les zestes de citron dans 30 g de beurre. Servez le saumon sur un plat de service chaud avec les oignons et les zestes de citron blondis. Saupoudrez de persil et arrosez avec du beurre fondu bien chaud.

Préparation et cuisson : 40 minutes

Pour 4 personnes

4 belles tranches de saumon frais de 150 à 200 g, 1 gros oignon, 2 cuillerées à soupe de farine, persil, 80 gr de beurre, 2 citrons, sel, poivre frais moulu.

un meursault

Merlan à la Pompadour

— Lavez avec soin le merlan, videz-le et nettoyez-le. Faites une farce avec du persil, 1 petite carotte, 2 échalotes, 1 gousse d'ail, 5/6 feuilles de sauge et de romarin. Vous passez le tout à la moulinette et vous faites une pâte en mélangeant le tout avec deux noix de beurre et 1/2 cuillerée à soupe de cognac. Vous glissez la farce à l'intérieur du merlan en l'étendant bien. Refermez le poisson et enroulez-le complètement dans un papier aluminium, en papillote. Mettez-le au four froid et réglez la température à 180° C. Laissez cuire pendant 40 minutes. Déposez le poisson sur un long plat de service et découvrez-le en étalant bien le papier aluminium. Servez avec une sauce hollandaise et des petites pommes vapeur persillées.

Préparation et cuisson : 1 heure

Pour 4 personnes

1 merlan de 800 g, Farce : ingrédients comme indiqués dans la recette ci-contre

un chablis

Lotte au vin blanc

Préparation et cuisson :
1 h 15 minutes

Pour 4 personnes

700 à 750 g de lotte
1,5 l de court-bouillon au vin blanc
150 g de champignons de Paris
3 échalotes - 60 g de beurre
1 1/2 verre de vin blanc - farine
3 cuillerées à soupe de concentré de tomate - sel, poivre

— Préparez un court-bouillon au vin blanc (il en faut 1,5 litre) que vous laissez cuire pendant 20 minutes. Laissez-le refroidir. Plongez-y alors la lotte et portez à ébullition. Dès ébullition, baissez le feu et laissez pocher pendant 20 minutes. Préparez durant cette cuisson la sauce. Lavez les champignons et coupez-les en morceaux. Faites les sauter à la poêle avec 30 g de beurre. Gardez au chaud. Faites fondre 40 g de beurre dans une casserole, et faites rissoler les échalotes que vous aurez émincées, ajoutez 2 cuillères à soupe de farine que vous laissez roussir, mouillez avec le vin blanc et 2 verres à vin de court-bouillon. Ajoutez alors les champignons et le concentré de tomates. Tournez bien et laissez cuire 5 minutes à feu doux. Egouttez la lotte et posez-la sur le plat de service chaud. Nappez copieusement avec la sauce et servez chaud. Vous pouvez accompagner avec des pommes de terre à l'anglaise.

un vin blanc de bergerac

Barbue « Nouvelle-Orléans »

Préparation et cuisson :
1 heure

Pour 4 personnes

1 barbue de 1 kg - 4 citrons
2 oignons - 2 œufs durs
250 g de riz long américain
125 g de beurre
- 3 dl de vin blanc sec
persil, thym, laurier, poivre, sel

— Lavez et videz le poisson mais laissez-lui la tête. Mettez-le dans un large plat à gratin avec 60 g de beurre, le jus d'un citron, la moitié du vin blanc. Faites cuire à four chaud (200°) après avoir assaisonné de sel et de poivre et laissez cuire pendant 40 minutes. A mi-cuisson, retournez le poisson et ajoutez encore le jus d'un citron, le reste du vin blanc et 40 g de beurre. Dix minutes avant la fin de cuisson, ajoutez le thym, le laurier et une cuillère à soupe de persil haché. Pendant ce temps, vous aurez fait cuire le riz avec 2 fois son volume de bouillon. Salez et laissez cuire à feu doux pendant 15 minutes. Faites blondir les oignons coupés en rondelles avec 25 g de beurre. Epluchez les œufs durs et râpez-les. Dressez le riz sur un plat de service très chaud et mélangez-le aux œufs durs. Disposez le poisson sur un autre plat avec des rondelles de citron et d'oignon que vous avez laissé blondir. Décorez avec du persil.

un chablis

Turbot poché

Préparation et cuisson : 1 heure

Pour 4 à 5 personnes

1 turbot de 1 kg à 1 kg 200
3 citrons
1 bol de sauce blanche aux champignons étuvés

— De préférence, faites apprêter le turbot par votre poissonnier. Vous préparez un court-bouillon avec un litre et demi d'eau et le jus de 2 citrons, vous y placez le turbot et portez aussitôt à ébullition. Dès que l'eau frémit, baissez le feu et laissez pocher doucement pendant 30 minutes. Ecumez à votre goût. Pendant la cuisson, vous préparez une sauce blanche relevée à laquelle vous ajoutez des petits champignons étuvés au beurre. Vous égouttez le turbot et le posez sur un plat à poisson avec des quartiers de citron. Servez très chaud, ayant découpé le turbot et nappez le poisson avec la sauce chaude et servez le reste en saucière. Comme accompagnement, des asperges chaudes seront bien accueillies.

un pouilly-fuissé

Brochet au beurre blanc

Préparation et cuisson : 1 h 10 minutes

Pour 4 à 6 personnes

1 brochet de 1 kg 500 environ, persil haché - 1 court-bouillon (comme indiqué dans la recette)
1 petit bol de beurre blanc

— Préparez le court-bouillon avec 2 litres d'eau, 1/2 litre de vin blanc, 1 bouquet garni, 1 branche de céleri, 2 oignons piqués de clous de girofle, 1 grosse carotte coupée en rondelles, 2 gousses d'ail, sel, poivre. Vous laissez cuire pendant 30 minutes. Laissez tiédir 6 minutes et plongez-y le brochet tout préparé. Portez à ébullition et baissez alors le feu. Laissez frémir pendant 20 minutes. Pendant ce temps, préparez le beurre blanc (avec 225 g de beurre, 3 cuillerées à soupe de vinaigre de vin, 3 échalotes hachées, sel, poivre). Après le pochage, retirez le brochet du court bouillon, laissez-le égoutter et placez-le sur un plat à poisson bien chaud. Nappez avec le beurre blanc et saupoudrez de persil haché.

un sancerre

Colin à l'américaine

Préparation et cuisson : 40 minutes

Pour 4 personnes

4 darnes de colin de 180 à 200 g
150 g de jambon fumé
4 tomates moyennes, laurier thym, persil, farine, beurre huile, cognac, 4 œufs
2 gousses d'ail, sel, poivre

— Dans une sauteuse, avec un peu d'huile, laissez frire le jambon coupé en petites lamelles avec les tomates pelées et épépinées, laurier et thym hachés très fin, persil haché et les 2 gousses d'ail haché très fin, salez et poivrez et ajoutez 2 cuillères à café de cognac. Tournez légèrement le tout. Couvrez la casserole et laissez cuire à feu modéré pendant 10 minutes. Réservez au chaud. Salez et poivrez les darnes et passez-les dans la farine. Dans une poêle avec de l'huile et du beurre, faites dorer le poisson 5 minutes sur chaque face. Dans le même temps, faites frire les œufs dans de l'huile. Prenez un grand plat chaud et étalez-y la préparation (bien chaude) de tomates et condiments. Dessus, placez les darnes de colin et, sur chacune, un œuf frit. Servez bien chaud.

un blanc de bergerac

Rougets à la niçoise

— Ecaillez, videz et nettoyez avec soin les rougets. Passez-les ensuite dans la farine après les avoir légèrement assaisonnés. Vous mettez 3 bonnes cuillerées à soupe d'huile d'olive dans un poêlon et vous y joignez les oignons coupés en tranches, la gousse d'ail haché très fin, la pulpe des tomates (veillez à ce qu'il ne reste pas de grains). Laissez étuver à feu doux pendant 20 minutes en surveillant. Les oignons ne doivent pas être colorés. Après cuisson, passez le mélange au tamis (ou mixer) pour en faire une purée onctueuse, ajoutez le safran et réservez au chaud. Dans une large poêle, avec un peu d'huile vous faites dorer les rougets pendant 4 minutes de chaque côté. Ensuite, dans un plat ovale à gratin bien huilé, posez les rougets que vous nappez avec la purée de tomates. Vous parsemez très légèrement avec du gruyère râpé et vous glissez au four à feu modéré (therm. 6). Vous laissez gratiner pendant 8 minutes. Vous servez dans le plat du four que vous ornez avec des petites touffes de persil et, à convenance, avec des olives noires. Arrosez de jus de citron et saupoudrez de persil haché.

Préparation et cuisson : 1 heure

Pour 4 personnes

4 beaux rougets, pulpe de 4 tomates, huile d'olive, 2 oignons, 1 gousse d'ail, 1 pincée de safran, 12 olives noires, persil en touffe et haché, farine, sel, poivre.

un blanc de cassis

Brochet au Chablis

— Videz, lavez et nettoyez le brochet. Vous l'assaisonnez alors à l'intérieur avec sel et poivre. Incisez-le à l'extérieur en travers, tous les 3 cms, et dans ces incisions salez et poivrez légèrement. Beurrez un plat creux, long, allant au four. Sur le fond, vous déposez une petite couche de persil haché. Saupoudrez-le avec 2 échalotes hachées très fin et, dessus, posez le brochet que vous couvrez avec le chablis. Mettez à four chaud (220ᵉ) et laissez cuire 40 minutes. Durant cette cuisson, arrosez toutes les cinq minutes avec le jus de cuisson et, si besoin est, ajoutez un peu de chablis. Ajoutez alors sur le brochet 40 g de beurre en 4 noix. Remettez au four pendant 15 minutes et arrosez le poisson toutes les minutes jusqu'à fin de cuisson. Dressez le brochet sur un long plat à poisson bien chaud. Ouvrez-le dans le sens de la longueur, détachez délicatement la chair de l'arête centrale. Réservez au chaud. Si la sauce de cuisson est épaisse, allongez avec moitié Chablis et moitié eau. Déglacez, passez et servez très chaud dans une grande saucière. Quelques petites pommes vapeur, persillées, feront un bon accompagnement.

Préparation et cuisson : 1 h 15 minutes

Pour 4 à 6 personnes

1 beau brochet de rivière (1 kg 200 à 1 kg 500) 150 g de beurre, persil, 2 échalotes 3/4 l de Chablis, sel, poivre

un chablis

Rougets à la niçoise →

Perche de mer à la sauce mousseline —

Préparation et cuisson : 1 heure

Pour 4 à 6 personnes

1 perche de mer de 1 k 250
12 langoustines, 1 gros oignon
1 belle carotte, 1 céleri
3 citrons, 1/2 litre de vin blanc sec
12 grains de poivre, sel
Pour la sauce : 250 g de beurre
2 jaunes d'œufs, 1/2 verre
à vin d'huile d'olive, 1/4 de litre
de crème fraîche, sel, poivre

Lavez, videz et nettoyez avec soin la perche de mer, (serran) puis posez-la dans une poissonnière. Joignez-y une douzaine de grains de poivre, l'oignon et la carotte coupés en tranches, le céleri bien lavé, un citron coupé en deux, le vin blanc et assez d'eau pour recouvrir entièrement le poisson. Salez, couvrez le récipient et laissez cuire dans le court-bouillon à feu très modéré une demi-heure. Lavez les queues de langoustines et, non décortiquées, placez-les dans la poissonnière 5 minutes avant la fin de cuisson. Pendant ce temps préparez une sauce hollandaise avec 200 g de beurre, deux jaunes d'œufs, 1 cuillerée à soupe d'eau froide, 1/2 verre à vin d'huile. Battez sans arrêt et ajoutez le jus d'un citron. Tenez la sauce au bain-marie à feu doux. Montez en neige bien ferme la crème fraîche. Retirez la sauce hollandaise du bain-marie et ajoutez-y la crème fraîche très ferme et mélangez avec soin. Goûtez et rectifiez l'assaisonnement s'il y a lieu. Versez dans une saucière chaude et réservez au chaud. Déposez le poisson cuit et égoutté sur un plat à poisson et ornez avec les queues de langoustines, des rondelles de citron et des petites touffes de persil. Servez bien chaud avec la sauce en saucière. Vous pouvez accompagner avec des pommes à l'anglaise.

un pouilly-fuissé

Esturgeon au four en papillote —

Préparation et cuisson : 1 h 15 minutes

Pour 4 personnes

4 belles darnes d'esturgeon frais
80 g de beurre, 8 tranches
fines de lard de poitrine
1 gousse d'ail, persil
une pincée de thym et d'origan
huile, sel, poivre

Hachez très finement le persil et la gousse d'ail et joignez-y une pincée de thym et d'origan. Déposez le tout dans une terrine et mélangez bien. Préparez 4 feuilles ovales de papier huilé, enduisez encore d'huile et, au milieu, posez une fine tranche de lard de poitrine. Passez les darnes d'esturgeon dans la hachis d'aromates, veillez à ce qu'elles en soient bien imprégnées. Salez et poivrez sur les deux faces. Puis, posez chaque darne sur la tranche de lard de chaque papier. Couvrez-les, chacune avec une autre fine tranche de lard et posez dessus une petite noix de beurre. Enfin enroulez-les dans le papier. Posez les darnes enroulées de papier sur la plaque du four chauffé à 180° C et laissez rôtir pendant 25 minutes. Les « roulés » se mettront à gonfler pendant la cuisson. En fin de cuisson vous les posez sur le plat de service et vous servez très chaud. Vous pouvez accompagner le plat avec une sauce hollandaise et des pommes vapeur persillées.

un meursault

Perche de mer sauce mousseline →

Lotte à l'américaine

— Parez la lotte et enlevez les peaux qui la recouvrent, coupez-la en tronçons de 2 à 3 cm d'épaisseur. Assaisonnez de poivre et sel. Dans une casserole au feu, mettez un demi-verre d'huile et 50 g de beurre. Faites saisir les tronçons et dès qu'ils sont colorés, réservez au chaud. Epluchez et hachez fin les oignons, émoncez les échalotes, écrasez les gousses d'ail. Mettez dans une sauteuse et laissez à peine blondir à feu moyen en remuant à la cuillère en bois. Augmentez le feu et versez le tout dans la casserole où se trouvent les tronçons. Passez à feu vif et laissez raidir les morceaux de poisson, puis arrosez avec le cognac et flambez. Ajoutez maintenant le concentré de tomates (1 boîte moyenne). Mélangez bien. Il faut que les tronçons de lotte soient bien enduits du concentré. Ajoutez le bouquet garni et versez le vin blanc de manière à couvrir le poisson. Assaisonnez encore de sel et poivre et ajoutez une bonne pincée de poivre de cayenne. Couvrez et laissez mijoter 25 minutes (30 au plus). Pendant ce temps préparez un riz créole (3 tasses) et en fin de cuisson parsemez-le avec deux noix de beurre. La cuisson du poisson terminée, retirez le bouquet garni, rectifiez l'assaisonnement. (Eventuellement, ajoutez un morceaux de sucre). Versez le poisson et sa sauce dans un large plat de service creux et cerclez-le d'une couronne du riz créole. Parsemez le tout de persil haché et servez chaud.

Préparation et cuisson : 50 minutes

Pour 4 à 6 personnes

1 kg 300 de lotte, 4 oignons 4 échalotes, 2 gousses d'ail 1 bouquet garni, 1/2 verre d'huile d'olive, 80 g de beurre 1 boîte moyenne de concentré de tomate, 8 cl de cognac, 4 dl de vin blanc demi-sec, 3 tasses de riz créole, sel, poivre poivre de Cayenne

un muscat d'alsace

Colin sauce au crabe

— Dans une poissonnière moyenne mettez le morceau de colin et couvrez d'eau salée à laquelle vous ajoutez le jus de 2 citrons. Faites bouillir. Au premier bouillon, écumez, baissez le feu et laissez frémir 15 à 20 minutes selon l'épaisseur du poisson. Pendant ce temps, faites cuire les pommes de terre et préparez une sauce béchamel au crabe comme suit : faites d'abord une sauce béchamel ordinaire (beurre, farine et lait), salez et poivrez. Coupez la chair de crabe en petits dés et incorporez-les à la béchamel à laquelle vous ajouterez encore les filets d'anchois bien écrasés et 1 petite cuillère à soupe de cognac. Réservez la sauce au chaud et mettez sur la surface une noix de beurre pour éviter que ne se forme une peau blanche. La cuisson du colin terminée, étendez-le sur le plat de service et entourez-le avec les pommes de terre saupoudrées de persil et quelques rondelles de citron. Tournez bien la béchamel pour que la noix de beurre s'y incorpore. Servez bien chaud.

Préparation et cuisson : 40 minutes

Pour 4 à 5 personnes

1 pièce de colin de 800 g 3 citrons Pour la sauce : 1 bol de béchamel 5 anchois, 1 boîte de crabe (225/250 g), persil haché 1 noix de beurre, 1 petite cuillère à soupe de cognac sel, poivre

un blanc de bergerac

Anguilles au vert

— C'est un plat fort apprécié des Belges mais, qui y goutte, l'apprécie et y revient. Bien lavées et dépouillées de leur peau, vous coupez les anguilles en tronçons. Salez et poivrez. Faites chauffer le beurre et l'huile dans une sauteuse et laissez-y rissoler les anguilles. Dès qu'elles prennent couleur saupoudrez avec les échalotes coupées en lamelles. Hachez finement persil, oseille et cerfeuil et une gousse d'ail écrasée. Joignez l'estragon et déposez le tout sur les anguilles en cours de cuisson. Arrosez avec le vin blanc et le jus des citrons et poursuivez la cuisson encore 15 minutes (25 à 30 m au total à feu moyen). Salez et poivrez. Pendant ce temps, délayez la farine dans un grand bol, avec les jaunes d'œufs et la crème. Arrosez avec une petite cuillerée de calvados. Mélangez fortement et ajoutez à la sauce de cuisson en laissant chauffer 3 à 4 minutes (mais ne pas laisser bouillir). Posez les anguilles sur un plat de service chaud à bords hauts. Nappez avec la sauce chaude dont vous aurez vérifié l'assaisonnement.

Préparation et cuisson : 50 minutes

Pour 4 personnes

1 kg d'anguilles, 50 g de beurre 1 gousse d'ail, 1/2 verre à vin d'huile d'olive, le jus de 2 citrons, 4 échalotes, persil cerfeuil, oseille (1 poignée de chaque), 1 cuillère à soupe d'estragon haché, 4 jaunes d'œufs 2 bons verres de vin blanc sec 1 cuillère à café de farine 1 cuillère à soupe de calvados 2 1/2 dl de crème fraîche sel, poivre

🍷 **un sancerre**

Crabes farcis

— Faites cuire les crabes vivants dans de l'eau bouillante additionnée du bouquet garni, jus de 2 citrons, une pincée de poudre de piment, pendant 15 mn. Sortez-les du court-bouillon, égouttez-les et laissez-les refroidir. Ouvrez alors les crabes en ménageant les carapaces ; retirez-en toute la chair et recueillez celle des pinces et des pattes ; passez le tout à la moulinette. Préparez une farce avec la mie de pain trempée dans le lait, le lard fumé haché, l'oignon finement émincé et 2 échalotes cuits à feux doux 20 mn dans 30 g de beurre, le vin blanc, le persil, l'ail (2 gousses) écrasés. Incorporez cette farce à la chair des crabes et vérifiez l'assaisonnement ; si besoin est, ajoutez du sel et du piment rouge. Faites chauffer à feu moyen 5 mn. Lavez les carapaces des crabes, passez-les au citron et déposez dans chacune d'elles une portion de farce, saupoudrez de chapelure. Posez 10 g de beurre sur chaque carapace et passez à four bien chaud 10 mn. Pour servir, posez les carapaces sur le plat de service. Les crabes farcis seront dégustés directement dans leur coquille. Prévoyez une salade de crudités, bien fraîche.

Préparation et cuisson : 1 h 20 minutes

Pour 4 personnes

4 beaux crabes, 50 g de lard fumé mie de pain, 50 g de beurre 1 oignon moyen, 2 échalotes 1 cuillère à soupe de lait, un petit verre de vin blanc, 3 citrons 2 gousses d'ail, chapelure piment rouge, bouquet garni persil, sel, poivre

🍷 **un muscadet**

Les « spécialités » de poissons

Les plats de poissons pourraient être énumérés à l'infini. Il en est de simples mais aussi de très raffinés et tous les poissons entrent dans ces préparations, du plus vulgaire au plus recherché. Ce ne sont pas les recettes qui manquent… ni les poissons vu leur extraordinaire variété. Et certains constituent souvent une surprise. Avez-vous déjà essayé un repas où hors-d'œuvre, entrée, plat de résistance ne seraient constitués que de poisson ?
Non ? Alors, un bon conseil : essayez !

LE POISSON, C'EST BON !

Filets de sole au Grand Marnier

Faites lever les filets de sole par votre poissonnier, mais n'oubliez pas les têtes et les arêtes des soles dont vous aurez besoin pour préparer votre fumet. Pelez les grains de raisin et laissez-les macérer pendant 1 heure dans le Grand Marnier. Pendant ce temps, préparez un fumet avec le vin blanc, les arêtes et les têtes des soles, le bouquet garni, l'oignon, la carotte et les échalotes, sel et poivre. Vous laissez cuire le fumet pendant 25 minutes à faible ébullition. Filtrez-le dans un linge mousseline. Vous le remettez ensuite dans une casserole au feu et vous y plongez les filets de sole que vous laissez pochez 10 minutes dans le fumet frémissant. Retirez-les, égouttez-les et réservez au chaud dans un plat couvert. Laissez ensuite le fumet réduire d'un bon tiers et, à feux doux, liez-le avec la crème fraîche et le beurre. Vous fouettez pour avoir une sauce assez onctueuse et vous ajoutez alors les raisins et le Grand Marnier de la macération. Nappez copieusement les filets avec la sauce et servez très chaud. Comme accompagnement : des petits champignons de Paris, sautés au beurre.

un chablis

Préparation et cuisson :
1 heure
+ 1 heure de macération

Pour 4 personnes

4 soles de 300 g chacune,
1/2 litre de vin blanc sec
50 grains de raisins blanc (ve
de préférence),
1 oignon,
1 carotte,
3 échalotes,
1 bouquet garni,
4 dl de crème fraîche
6 cuillerées à soupe de Grand Marnier,
40 g de beurre
sel, poivre